대학생의
착각

대학생의 착각

초판 인쇄 2016년 1월 5일
초판 발행 2016년 1월 15일

지은이 양희승
펴낸이 박노일

총괄기획 김중용
편 집 심성보

펴낸곳 pnc publishing and culture 피엔씨미디어
경기도 고양시 일산동구 강송로 153 310-1501
등록 제396-2012-000203호
전 화 070)7550-3758 팩 스 02)718-8554
홈페이지 www.pncmedia.co.kr 이메일 pnc@pncmedia.co.kr
ISBN 979-11-5730-247-5 03370

정 가 15,000원

또 다른 시작을 끝으로 생각하는

대학생의 착각

양희승 지음

publishing and culture
피앤씨미디어

우리의 바람과는 달리,

대학생 젊은이들이 미래에 대한 희망을 잃고

귀중한 시간을 낭비하면서

바람직하지 않은 방향으로 나아가고 있다면?

그것은 개인은 물론 사회적으로도 큰 손실이다.

우리 사회를 짊어지고 갈 그들에게

조그마한 불빛을 비춰주기 위해 이 책을 쓴다.

프롤로그*

대학생 젊은이는 이 나라의 미래다.
그런데 그 미래가 흔들리고 있다.

우리나라에서는 고등학교 졸업생의 약 80%가 대학에 진학한다. 매년 48만 명의 대학생이 배출된다. 대단한 국가자원의 탄생이다. 천연자원이 거의 없는 우리나라에서는 오래전부터 능력 있는 대학생 젊은이가 유일한 국가자원이라고 이야기해 왔다. 그래서인지, 내 집 남의 집 아이 가릴 것 없이 대학생이 된 젊은이가 보다 나은 미래를 위해 최선을 다해 무엇인가 노력하는 모습을 보면서 흐뭇한 마음을 가진다. 젊은이들이 잘되면 본인도 풍요롭고 안락한 생활을 할 수 있고 대한민국이라는 사회가 건강하게 유지될 수 있기 때문이다.

그런데 혹시? 우리의 바람과는 달리 대학생 젊은이가 미래에 대한 희망을 잃고 귀중한 시간을 낭비하면서 바람직하지 않은 방향으로 나아가고 있다면? 그러면 이야기가 달라진다. 우리가 모르는 가운데 개인뿐만 아니라 사회적으로도 큰 문제가 생기고 있는 거다. 이런 상황이라면 국가안위 차원의 심각한 문제가 우리 사회에 잠재되어 있는 것이라고 생각한다. 지난 30년 동안 우리 사회가 누릴 수 있었던 사회적 안정과 대외적 과시는 경제적 풍요로움에 기반을 둔 부분이 아주 크기 때문이다.

우리나라 대학생을 생각하면서 누군가 걱정스러운 이야기를 전한다.

"놀라운 점은 정작 대학에서의 교육과 그 생활 전반에 대해서 어느 누구도 탐색하려고 하지 않는다는 것이다. 그러다 갑자기 4년이라는 과정을 건너뛰어 급기야 직업의 세계로 훌쩍 넘어가기 일쑤다. 대학생 젊은이가 어떻게 공부하고 생활하고 있는지 아는 사람이 거의 없다. 아이가 대학생이 되는 순간부터 진로 교육과 직업 체험의 실질적인 책임이 대학생 본인에게 넘어간다."

"우리나라 고등학교 졸업생의 대학 진학률은 세계 최고다. 그러나 대학에 재학 중이면서도 무늬만 대학생일 뿐 전혀 대학생다운 대학 생활을 하지 않았거나, 본인 적성과 맞지 않아서 대학 생활 내내 힘들어하거나, 대학을 마치고 다시 전공을 바꿔 공부하는 사람이 적지 않다. 경제적으로도 사회적으로도 엄청난 낭비다. 당사자 본인에게도 인생의 가장 중요한 시점에서 귀중한 시간을 허비했다는 점에서 손실은 이루 말하기 어렵다."

그런데 시간이 흐를수록 우리나라 대학생 젊은이의 대학 생활 4년이 점점 더 방치되고 있다. 엄마, 대학과 교수, 사회 모두의 관심에서 멀어지고 있다.

자식에 대한 궁극적인 책임을 '대학 진학까지'로 두고 있는 엄마의 관심은 아이가 대학에 합격하는 순간 해방감을 느끼면서 수직으로 하강하기 시작한다. 4년 내지 6년이 지나 취업문에 다다르기 전까지 대학생이 된 아이에 대한 엄마의 관심은 마치 휴화산과도 같다.

대학에서도 재학생에 대한 관심은 그리 높지 않다. 매년 입시철이 되면 좋은 신입생을 많이 끌어들이기 위한 대학 홍보가 잠시 요란하게 펼쳐진다. 그런데 정작 그 홍보를 믿고 대학에 입학한 아이에 대한 대학의 관심은 입학식과 동시에 거의 사라진다.

우리 기업은 기본적으로 대학 교육을 불신하는 경향을 가진다. 대학 교육이 이제는 산업계의 요구 수준을 따라오지 못하면서 그 불신감은 더 심해진다. 좀 더 똘똘한 대학 졸업생을 뽑아 기업이 원하는 교육을 시켜 활용하겠다는 생각이다.

언론도 대학생의 대학 생활에 대해서는 거의 관심이 없어 보인다. 언론이 대학에 대해 관심을 가지는 부분은 주로 치열한 대학 입시와 대학 졸업 후의 취업에 관한 이슈들이다.

대학 합격의 기쁨도 잠시일 뿐, 이런 상황들이 벌어지면서 대학생이 된 젊은이는 대학 생활이라는 미지의 황야에 놓인다. 그렇게도 오매불망하던 '대학생'이 되었지만 상당수의 젊은이는 정작 대학생의 의미도 모르는 채 대학 생활을 시작한다. 본인들은 대학 4년 동안 자신이 이루고자 희망하는 그 무엇을 성취하기 위해 부단한 노력을 한다고 말한다. 그런데 신문, 전문 잡지도 거의 안 보니 결국 같은 수준의 또래 젊은이들끼리 서로 물어보거나 대학가에 떠도는 "…카더라"에 의존해 자신의 미래를 설계하고 준비한다. 귀중한 대학 4년 시기를 거의 다 보내고 도무지 어찌할 수 없는 상태에서 대학 문을 나서는 경우도 나타난다. 대학 4년의 투자가 무용지물이 되는 순간이다.

"Unplanned, Unprepared(미래에 대한 계획이 없고 미래를 준비하지 않는다)"고 요즘 대학생을 표현한 어느 외부 인사의 말이 진하게 전해진다.

수능 성적을 높이는 공부 방식에 익숙해 온 우리네 젊은이는 대학에 들어오면서 혼란과 어려움을 겪는다. 게임의 법칙이 전혀 다르기 때문이다. 그동안의 초·중·고 생활은 엄마가 주도하는 가운데 시작소리에 맞추어 동일한 결승점에 먼저 도달하는 단거리 달리기 경주와 같았다. 대학 새내기가 경험해야 할 대학 4년의 여정은, 목적지는 물론 그 과정까지도 스스로 결정해 나아가야 하는 게임이 아닌 개척에 가깝다. 방황의 시작이다. 다양한 상황을 맞이하는 과정에서 실수와 실패 그리고 때때로 좌절을 겪는다.

그러나 여러 가지 어려움이 있을지라도 낙담하고 좌절할 필요는 없다. 대학에서의 실수와 실패의 경험은 미래를 살아가는 과정에서 아주 유익한 밑거름이 된다. 역설적으로, 대학에서는 실수와 실패를 많이 하면 할수록 좋다. 배우는 과정이기 때문이다. 실수와 실패를 해도 불명예가 되거나 경제적으로 손해를 볼 일이 거의 없다. 실수와 실패를 밑거름으로 재도전하는 정신을 가진다면 미래에 유용한 훌륭한 자산을 갖는 것이다.

대학에 들어와서까지 방송의 퀴즈 프로그램에서처럼 지적·경제적 효용성이 없는 지식을 달달 외워서 대답하는 '로봇 공부'를 할 필요가 없는 시대가 되었다. 이제 그런 내용은 아주 쉽게 네이버나 구글에서 찾아볼 수 있다. 길에서도 버스와 지하철 안에서도 검색을 통해 지식을 넓힐 수 있게 되었다. 아이도 할 수 있고 할아버지, 할머니도 할 수 있는 일이다. 대학생이 되어서까지 구시대의 유물과 같은 비창의적 방식에 자신의 미래를 기댈 필요가 없다. 필요가 없는 것이 아니라 그런 방식을 고집하면 이제는 낙오자가 된다. 변화가 빠르게 진행되면서 '배운 것'보다 '해 본 것'이 더욱 중요해졌기 때문이다.

거의 30년을 현장에서 많은 젊은이들과 씨름을 해 온 어느 전문 경영자가 보내 온 글이 고개를 끄덕이게 한다. "지금까지 인재는 좋은 대학 나와 이런저런 많은 스펙을 갖추고 박사까지 하면 당연히 금상첨화라 생각했습니다. 그러나 어떤 정보든, 언제 어디서나, 상세한 내용을, 실시간으로 정확하게 입수할 수 있는 스마트폰 시대에서는 공부를 많이 한 것만으로는 인재라 여기기 어렵게 되었습니다. 네이버나 구글에 나오지 않는 경험과 노하우를 스스로 쌓고 또 다른 사람들로부터 많이 배우고 익히려고 노력하는 사람이 우리에게 더 가치 있는 인재로 바뀌었습니다. 이제는 학력學歷이 아니라 학력學力이 중요한 세상입니다."

앞으로 우리 사회를 포함한 세계는 더 빠른 속도로 변화한다. 좋은 방향일 수도 있고 그리 바람직하지 않은 방향일 수도 있다. 변화에 대처하기에 젊은이가 대학에서 4년 동안 단순히 주어지는 지식을 배우는 것으로는 턱도 없이 부족하다. 대학생이 된 젊은이 스스로도 자신의 미래를 위해서 촌각을 아껴 필요한 많은 것들을 준비하고 경험해야 한다.

대학에 진입한 젊은이가 이 책을 읽으면서 4년간의 대학 생활 중 겪을 지적 방황을 최소화하기를 바라는 마음으로 어떤 노교수가 던지는 쓴 소리라고 생각해 주었으면 좋겠다. 우리 대학생 젊은이가 겪을 상황을 미리 정리하여 알려준다면 앞으로 겪을 방황을 상당 부분 덜어줄 수 있을 것이라 믿는다. 또한 자신의 미래 진로에 대한 정확한 판단과 대학 생활에 대한 합리적 결정을 하는 데 크게 도움이 될 것이라 생각한다. 보다 건전하고 즐겁고 의미 있는 대학 생활을 한다면 사회 진입에도 소프트 랜딩 할 수 있을 것이다.

대학생 젊은이가 흔히 가질 수 있는 '착각' 중의 일부는 2013년 늦가을에 발간된 '대학 새내기와 부모님을 위한 이야기'를 다룬 『대학생 엄마의 착각』의 PART 4와 PART 5에 기술되어 있다. 일독하기를 권한다. 이 책에서는 그 외의 내용들을 다루고 있다. 대학 생활 이야기, 대학 공부 이야기, 진로 이야기, 취업 이야기, 그리고 부록으로 대학생 젊은이에게 필요한 '자기미래계획서' 작성법의 5가지 부분으로 구성되어 있다.

차 례*

PART 01

대학 생활 이야기

대학 생활은 자기 인생의 그림을 그려 나가는 과정의 첫 단추이다. 대학 생활 4년을 통해 남이 아닌 나의 대학생의 의미를 찾아라. 그 시작은 대학에 합격한 순간부터이다.

01 착각의 시작

기대와 다른 대학 생활

대학에 입학하다

꿈에 부푼다.
초·중·고를 통해 12년 동안 엄마의 공부 등쌀에 허우적거리면서 살아 왔는데 이제는 해방이다.

그런데 내가 꿈꾸던 것들이 착각인가?
고등학교를 졸업하고 대학에 입학하면 교복을 벗는 것과 함께 자유가 주어지고 내가 필요한 돈을 직접 벌어 그동안 하고 싶었던 것을 모두 할 수 있다는 생각에 마음이 부풀었는데.

졸린 눈 비벼 잠을 깨고, 등굣길에 늘 마주치는 아이와 눈인사를 주고받기는 하지만 수능 공부라는 스트레스에 만나자는 이야기 한번 못했다. 새로운 게임이 쏟아져 나왔다는데 그동안 게임 한번 실컷 해보지도 못했다. 앞으로는 하고 싶은 것 맘껏 하면서 살아야지.

대학에 막상 들어와 보니 할 수 있는 것이 별로 없다. 그동안 자유스러운 생활을 모두 미루어 놓고 대학 합격만을 기대하며 공부만 해왔는데… 학교 수업은 땡땡이 쳐도 나중에 노트 빌려 보면 되니 그리 큰 걱정이 없는데… 막상 무엇인가 하려고 하니 돈이 없다. 그동안 못 잔 잠을 보충하고 학교 수업 외의 시간은 내가 자유롭게 쓸 수 있게 되었는데, 다른 일은 상당한 돈이 든다. 이런저런 이유를 대면서 엄마에게 용돈을 달라고 해보지만 그 걸로는 턱없이 부족하다. 엄마 형편을 옆에서 보고 있으려니 계속 손을 내밀기도 민망하다. 그래도 용기를 내어 보지만 돈 달라고 이야기를 꺼낼 때마다 예전처럼 쉽게 말이 나오지 않는다. 다른 아이들은 알바를 해서 돈을 마련한다는데 나도 그걸 해 볼까?

첫 수강 신청

대학에 들어와 첫 수강 신청이다. 수강 신청 잘해야 한다는데….
고등학교 때까지는 이런 걱정 안 했는데. OT에서 만난 선배에게 물어보니 수강 신청이 장난 아니란다. 과목과 학생이 정해 있는 것이 아니라 컴퓨터를 통해 본인이 해야 하는데 이게 전쟁 아닌 전쟁이란다. 아무리 시간표를 열심히 짜도 수강 신청이 안 되면 아무 소용이 없단다. 전교생 혹은 학년별로 동시에 신청하는 것이기 때문에 인기가 있는 과목들은 서버가 열리고 불과 몇 초 만에 수강 신청이 꽉 차버린단다. 첫 학기부터 수강 신청이 잘못되면 다음 학기들도 어려워진다는데, 운에 맡겨야 하나 아니면 수강 신청 잘한다는 선배를 찾아서 물어봐야 하나? 누구인지도 모르는데 어떻게 하지? 집에 있는 컴퓨터가 좀 느린데 PC방에 가서 수강 신청해야 하나, 아니면 아침 일찍 학교 컴퓨터실에 가서 할까? 어디 같이 갈 친구 없나?

수강 신청 날이다. 아침 일찍 학교 컴퓨터실로 갔다. 벌써 아이들이 교실에 꽉 차 있다. 다들 재빠르네. 관심과목 장바구니에 이번 학기에 듣고 싶은 강의를 미리 설정해 놓았는데, 내가 원하는 것들은 경쟁률이 높다. 생각한 과목들 모두 다 수강 신청하기 어렵겠는걸. 차선책으로 어떤 과목들을 들어야 할지 시간표를 다시 짜 봐야 할까 보다.

6과목 중에서 5과목은 내가 원하는 대로 수강 신청이 됐는데 1과목이 안 됐다. 어떡하나? 다른 교수 수업은 여석이 있다는데 소문에 빡세단다. 성질도 깐깐하고 숙제도 많고 학점도 짜다는데. 시간은 괜찮은데, 그 과목을 들으면 다른 과목에 피해가 갈 것도 같고, 숙제니 팀플(팀 프로젝트: 그룹으로 주제를 정하고 대안을 제시하여 발표하는 수업 형식)이니 하다 보면 놀 시간이 없어지는데. 에이! 대학 합격하면서 계획해 놓은 것 모두 엉망되겠네. 다른 과목을 들어볼까? 그런데 그 과목은 시간이 잘 안 맞네. 중간에 빈 시간은 뭐하지? 다른 친구들은 모두 그 시간에 수업이 있다는데….

첫 수업

마음이 설렌다.
친구와 스마트폰으로 카톡을 하고 있는데 교수가 들어온다. 교실을 둘러보다 나를 똑바로 보더니 "거기! 학생! 스마트폰 끄지." 갑자기 당황스럽다. 급하게 스마트폰을 가방 안에다 집어넣는다. 다른 아이 두 명도 교수가 이야기하는데 둘이 소곤대다 혼난다. 자세히 교수를 쳐다보니 깐깐해 보인다.

어떻게 하나? 이 과목 계속 들어야 하나? 선배 말이 이 교수 소문난 사람이라는데. 우리 학과 4대 천왕 중의 하나라는데. 그래도 강의 내용이 좋다고 해서 수강 신청을 했는데. 이번 주부터 수강 변경 기간이라는데, 다른 교수 과목을 들을까? 거기도 이미 꽉 차 있을 텐데. 담당 교수에게 이야기하면 여석을 좀 열어줄라나? 수업이 끝난 후에 학과 사무실에 들려 알아봐야겠네. 여석을 안 열어주면 어떻게 하지? 다른 과목? 에이, 뭘 듣지? 선배한테 다시 물어 봐야겠네.

2주가 지나니 교수가 팀플을 준비하라고 한다. 이런 것 처음인데, 교수는 자세히 설명을 안 해 주네. 이 과목 들었던 선배를 찾아봐야겠네. 당장 다음 주까지 팀을 짜서 명단을 내라고 하는데, 누가 좋지? 옆에 애한테 물어볼까? 도대체 교수는 왜 팀을 안 짜 주는 거야!

어렵게, 어렵게 팀을 짰다. 오늘 수업이 끝나고 빈 교실에서 첫 미팅을 한다. 조장을 하면 배우는 것도 많고 점수도 좀 더 받을 수 있다는데, 조장을 한다고 할까? 근데, 다른 아이들이 적극적으로 팀플을 안 하면 내가 혼자서 모든 걸 덮어쓰는 것 아니야? 에이, 하지 말자. 그냥 아이들이 팀플하면 하는 척만 하자. 중간은 가겠지.

한 달이 지나고 나니 팀플을 같이하던 아이 중 1명이 과목이 너무 세다고 수강 철회를 해버린다. 내년에 딴 교수에게 다시 들을 거란다. 나머지 3명 가지고 어떻게 하지? 다른 팀에 비해 진도가 좀 늦은 것 같은데. 갑자기 내가 맡아 해야 할 일이 많아졌다. 이번 주말에는 여자 친구와 같이 못 놀고 팀플 애들과 학교에서 밤새워야 할 것 같네. 여자 친구에겐 뭐라고 말하지?

아! 졸립다. 벌써 금요일 밤 11시다. 내일 여자 친구를 만나서 데이트하기로 했는데. 팀플이 잘 안되네. 조장인 저 아이는 왜 자꾸 새로운 아이디어를 내라고 질질 끄는 거야? 빨리 끝내고 집에 가야 되는데. 설마 이렇게 밤새우려나? 지난해에 팀플 해 본 형이 알려준 대로 내가 얘기했는데, 그대로 하면 될 걸. 아! 짜증나.

첫 중간고사

중간고사 날이다. 대학에 들어와서 처음 보는 시험이다. 시험 범위가 지난주까지 배운 것이란다. 선택형과 단답형 그리고 서술형 문제가 나왔다. 선택형은 별로 문제가 없는데, 단답형은 얼마만큼을 써야 하지? 한 줄 아니면 두 줄? 마지막으로 서술형이다. 문제가 이게 뭐야. 뭘 쓰라는 거야. 교세라 회장의 인터뷰를 바탕으로 성공적인 경영자에 대한 자기 생각을 쓰라니, 뭘 써야 하나. 기사를 읽긴 읽었는데 그냥 읽었지 이런 것은 생각을 안 해봤는데. 얼마만큼을 써야 하지? 반 페이지? 한 페이지? 에이, 모르겠네. 옆에 있는 저 아이는 아예 정신줄을 놓고 있네. 다행이다. 나 혼자만 그런 게 아니군. 어? 근데 그 옆의 아이는 뭘 저렇게 열심히 많이 쓰고 있지? 이 문제가 저렇게 쓸 게 많은가?

팀플 발표 날이다. 각 팀들은 서로 모여 앉아 발표 준비에 여념이 없다. 교수가 들어와 발표할 순서를 알려준다. 우리 팀은 3번째다. 조금 더 뒤에 발표했으면 하고 기대했는데 아쉽다. 첫 팀부터 발표가 장난이 아니다. 저 아이들 준비 많이 했나보다. 파워포인트도 멋있고 발표하는 모습이 당당하다. 우리 팀은 저 정도 할 수 있으려나?

우리 팀 발표 차례다. 우리는 조장이 발표하기로 했다. 처음 해보는 것이라 좀 떨리는가 보다. 표정이 평소와 달리 얼어 있다. 잘해내야 되는데. 조장이 비교적 잘했다. 다행이다.

첫 방학

학기말 시험도 끝나고 이제 해방이다. 방학 때는 무얼 할까? 알바? 아니면 엄마한테 돈 좀 달래서 해외여행? 유럽이나 보내 달라고 할까? 어떻게 팀을 짜지? 같이 갈 아이들이 누가 좋을까? 친구들이 같이 가 줄라나? 에이,

우선 그동안 시험 보느라 고생했으니, 친구들과 며칠 술이나 마시면서 이야기를 해봐야겠다.

시험 성적이 나오는 날이다. 떨린다. B+ 2개, B0 2개, C+ 1개, C0 1개. 평점 2.82. 이게 평타는 친 건가? 다른 아이들은 어떻게 나왔지? 중간은 한 건가? 해외여행 보내달라기 어렵게 됐네. 그래도 우겨 봐, 말아?

대학을 졸업하다

몇 년이 지났다. 어찌하다보니 졸업이다. 졸업장—비싼 종이very expensive paper—을 얻는데 4,000만 원 정도가 들었다. 엄마를 졸라 3학년 여름방학에 미국으로 어학연수도 갔다 왔고 교수가 소개해 준 기관에서 인턴 생활도 한번 해 보았다. 남들은 뭐라고 말할는지 모르지만 나로서는 최선을 다했고 어엿한 대학 졸업생이다. 남들이 이야기하는 스펙도 어느 정도 충족했으니까, 당연히 좋은 직장에 들어가겠지.

그런데 이것저것 하다 보니 '늦깎이 취업준비생'이 되었다. 지난 취업 시즌에도 20여 개 기업에 지원을 했다. 2개 기업을 빼 놓고는 모두 서류심사에서 고배를 마셨다. 취업 문턱이 점점 더 높아지고 있다는데 7급 공무원 시험이나 봐야겠다. 그렇게 2년이 지났다. 나이가 서른이 다가온다. 다시 일반기업으로 취업을 시도할지. 아니면 이제부터라도 자격증을 따서 연명할 것인지 고민이 된다. 집에 있기도 참 불편하네… 어디서부터 잘못된 거지? 대학에 들어와 미래에 대한 계획 없이, 미래에 대한 준비 없이 생활해 온 것에 대한 결과인가.

대학생은 달라야 한다

'미생未生'이 아니더라도 늦깎이 취업준비생이나 취업재수생이 처한 상황은 요즘 주변에서 흔히 볼 수 있다. 언론에 많이 회자되는 것이 하나의 사회적 현상으로 굳어버리는 느낌이다. 최근에도 비슷한 고민을 대학생 인턴기자가 「8년차 대학생의 미생 고투기 "우리는 '완생完生'으로 가고 있다"」라는 기사로 고백했다. 고시촌에서의 5급 공무원 임용시험 준비, 50개 기업에 원서 제출과 스무 번 정도의 면접, 공기업과 국회에서의 인턴, 연회장 주방 보조, 주간지 인턴기자를 거치고 있다는 27세의 여성 취업준비생의 자화상을 그리고 있다. 잘못은 '대학용 공부'와 '대학에서의 공부'와의 큰 차이를 알지 못하는 데서 시작된다.[1]

중·고등학교 시절에는 엄마와 교사, 그리고 학원 선생님이 학생의 공부를 이끌어간다. '좋은 대학 합격'이라는 지상명제 앞에서는 시키는 대로 따를 수밖에 없다. 자기 사고는 있지만 표현하기가 쉽지 않다. 좋은 대학, 좋은 학과는 모두가 가고 싶은 곳이기 때문에 경쟁이 심하다. 또래 친구끼리도 경쟁하는 경우도 왕왕 있다. 주어진 입학 정원 내에서 선발이 이루어지기 때문이다. 다른 아이가 나보다 점수가 높으면 내가 불리해진다.

그런데 대학에서의 공부는 다르다. 기본적으로 자기 주도의 학습과 노력으로 이루어진다. 엄마와 교사, 그리고 학원 선생님의 공부 잔소리와 통제는 사라졌다. 스스로 자신의 미래를 설계하고 그에 필요한 공부 포트폴리오를 만들고 시간이 날 때마다 채워 나가야 한다. 친구끼리도 서로 경쟁해야 하는 대학 입시와 달리, 대학에서의 공부는 비교적 자유스러운 상태에서 스스로 자신의 미래를 준비하는 것이다. 친구들끼리도 어울려 공부한다. 특정한 대학, 학과에의 합격을 목표로 경쟁할 수밖에 없는 대학 입시와 달리 대학에서의 공부는 자기 인생의 고유한 그림을 그려 나가는 거다.

대학이란 시키는 공부를 하는 곳이 아니다. 스스로 지식을 습득하고 필요한 학습 능력을 쌓아 가는 곳이다. 그래서 대학생이 된다는 것은 아이가 아닌 성인成人의 반열에 오르는 것이다. 성인이 된다는 것은 사고와 행동과 노력에 있어 아이 때와는 달라진다는 점을 내포한다. 대학에 와서도 중·고등학교 시절의 아이처럼 생각하고 행동하고 남의 일처럼 공부하고 노력한다면 아직 대학생이 덜 된 거다.

고등학교 졸업생의 80% 정도가 대학에 진학한다. 2014년의 경우 4년제 대학 37만 명, 전문대학 22만 명이다. 그러다보니 우리나라에서는 대학생이 너무 흔한 자원이 된 듯하다. 너무 많아서인가? 대학에 적을 두고 대학생이라는 이름으로 여러 가지 생활을 즐기는 무늬만 대학생인 젊은이들이 많다는 이야기도 들린다. 애석한 일이다.

"졸면 죽는다." 서울대 경영대학의 송재용 교수가 수업시간에 학생들에게 하는 말이다. 기업 환경이, 취업 환경이 빠르게 변화하면서 순간을 놓치고 재빠르게 대처하지 않으면 낙오한다는 의미일 것이다. 그런데도 대학 교정에는 책은 없이 달랑 조그만 가방 하나 들고 나타나는 젊은이가 심심치 않게 눈에 띈다. 어떤 대학생은 "여름방학 중에 미국에 놀러 갔다 올 계획인데 그러고 나면 돈이 없어서 다음 학기는 휴학할 예정"이라는 말을 부끄러운 줄도 모르고 한다. 등록금 이외에도 대학 4년이라는 인생에서 가장 소중한 시간을 함께 투자했다는 사실을 잊고 있다. 대학에 들어온, 대학생이 된 진정한 목적이 의심되는 대목이다. 자신이 무늬만 대학에 다니는 부실한 대학생이 되어 간다는 것을 모른다.

개강 첫날부터 축제하는 대학의 이야기도 들린다. 수도권에 소재한 일부 대학들이 2014년 봄에 일어난 '세월호 참사' 때문에 봄 축제를 못 열었다며 가을학기 개강 첫날부터 축제를 시작했다. 연유를 알아보니 여러 대학의 학생회장들이 모여서 대학을 2개 그룹으로 나누어 한 그룹은 개강 첫날부터 축제를 하고 나머지 다른 그룹은 추석 연휴가 끝난 후에 개최하기로 합의했단다. 결국은 술판과 연예인이 출연하는 공연으로 끝나는 엉터리 같은 축제에 대학생 젊은이는 학생회비라는 명목으로 납부한 자기 돈이 들어가는지조차 인식하지 못한다. 연예인 초청에 행사비의 50% 이상이 지출되고 축제가 끝나면 교정에 술 냄새가 진동을 한다. 이런 것을 하면서 우리나라 대학생은 '축제한다'고 말한다. 낭만도 없고 대학생이 가져야 할 지성은 찾아볼 수가 없다.

대학을 4년 이상 다니면서 졸업을 연기하고 있는 유예 졸업생과 졸업은 하였지만 본인이 원하거나 적정한 직장을 가지 못하고 취업을 준비하는 졸업생을 합치면 70만 명을 훌쩍 넘는다. 그런데 대학생이 된 젊은이는 자신이 대단한 줄 안다. '어렵게 들어간 대학', 등록금 등으로 들어간 2~4천만 원의 투자, 대학 재학 중 한번쯤은 가는 해외 어학연수, 그리고 엄마를 조르거나 본인이 알바를 해서 번 돈으로 간 유럽이나 미국 여행은 각자가 처한 경제적 처지와 관계없이 대학생의 콧대를 높게 해 주었다. 엄마는 이런 것을 모두 해야 자기 아이가 진짜 대학생이 되고 남에게 안 처지는 줄 안다.

그러면서 등록금은 비싸다고 생각한다. 당연하다. 공부를 열심히 했다면 등록금이 얼마인들 비싸게 느껴지지 않았을 텐데 공부를 열심히 하지 않았으니 가성비(價性比)가 낮아 낸 돈이 아깝고 비싸게 느껴질 수밖에 없다.

02 무늬만?

무늬만 대학

'상대편 개념'을 가지는 기업과 달리, 우리나라 대학에서는 상대편 개념이라는 것이 거의 존재하지 않는다. 우리 대학생 젊은이가 무늬만 대학을 다니게 하는 책임의 한쪽을 대학이 제공하는 논리가 성립되는 대목이다.

대학에서의 상대편, 즉 고객은 학생이다. 그런데 고객에게 무엇을 해 주어야 할 것인가에 대한 공유 가치가 대학 내에 존재하는 것 같아 보이지 않는다. 모두 '내가 아는 것을 가르쳐 주는 것'에 만족하고 있는 것 같아 보인다. 밖에서 대학을 바라보는 시각이다. 물론 대학이 추구하는 가치는 이익을 추구하는 기업과는 그 성격이 달라야 한다. 그럼에도 대학이라는 교육기관이 학생이라는 고객을 상대편으로 하여 교육활동을 한다는 점에서 구성원들이 가지는 최소한의 공유 가치는 존재할 필요가 있다. 공유 가치가 존재할 때 교수는 더 잘 가르치고 학생은 더 잘 배울 수 있다. 잘못 가르치거나 배우면 허망하거나 해악이 된다.

대학마다 국내·외 석학과 유수 기업의 CEO를 초청해 세미나를 개최하는 '플래티넘 강좌 프로그램'이라는 행사가 있다. 기업 활동에 혹은 사회적으로 바쁜 분들의 시간을 쪼개어 이루어지는 것으로 미래의 주역인 대학생들에게 귀중한 이야기를 들려주는 경우가 많다. 그런데 이런 행사가 무엇을 위한 것인지 머리가 갸우뚱해지는 경우가 많다. 형식은 학생을 위한 행사인데 스스로 참가하는 학생이 몇 안 되는 경우가 적지 않다. 초청한 대학 담당자나 초빙된 연사 모두 아연실색할 수밖에 없게 된다. 더한 이야기도 있다. 어느 외부 인사가 '신입생 세미나'에 연사로 초청된 적이 있었다. 수강생이 70명이라는데 6명만이 참가했다. 지도교수조차도 나타나지 않았다.

왜 이런 현상이 일어날까? 아까운 비용과 소중한 시간이 드는 행사의 효과를 극대화하기 위해서는 강연 목적과 진행 방향에 대한 철저한 검토가 사전에 이루어져야 한다. 어떤 분을 연사로 초빙하고 어떤 이야기에 중점을 두어 달라고 부탁 말씀을 드려야 한다. 그런데 대학에서는 이런 것들이 잘 이루어지지 않는다. 명사인 연사의 이름을 걸어놓기에 급급한 행사로 비쳐진다. 해당 행사를 주관하는 교수는 청중이 될 학생들에게 사전에 행사에 대한 설명을 미리 해 주어야 한다. 때에 따라서는 강연 끝에 늘 있는 Q&A에 대한 준비를 할 수 있도록 학생을 지도하는 것도 필요하다.

머릿수를 채워야 하는 강연 행사에 대학생을 동원하려고 출석과 연계하

❋ 대학 소식을 이미 알고 있는 엄마

우리에게도 좋은 대학들이 꽤 있다. 앞으로 그 숫자는 더 늘어날 것이다. '좋다'고 평가가 난 대학을 살펴보면 대학 스스로가 우선적으로 소속 학생들의 취업과 교수님들의 연구를 위해 상당히 애쓰고 있는 것을 발견하게 된다. 그저 흉내를 내는 것과는 전혀 다르다.

서울 소재 어느 명문 여자대학의 경우, 대학 전체로 일 년에 1~2번, 대학이나 학과별로 또 1~2번씩 부모님을 모시고 학생들과 함께 교수가 대화하는 시간을 갖는다고 한다. 모임마다 대개 20% 정도의 부모님들이 참석하신단다.

그런데 재미있는 것은, 대학본부에서 학부모님들과의 모임을 통해 알려주려고 많은 준비를 하는데 정작 참석한 부모님들은 아이들과 이야기하기 바빠 별로 집중해서 듣는 것 같지 않아 보인단다. 이유를 알아본즉, 대부분의 내용을 부모님이 아이를 통해 이미 들어 알고 있기 때문이라고 그 대학의 부총장은 전한다.

여자대학의 특성 때문일까? 참으로 부러운 광경이다. '좋은 대학'이 '더 좋은 대학'이 되는 이유일 것이다.

여 비자발적 참석을 유도하는 일도 빈번하게 이루어진다. 교수는 이런 일을 편법이 아닌 당연한 것으로 여긴다. 요즘은 이런 형태의 학생 동원은 중·고등학교에서도 안 하는 것을 대학에 있는 교수는 모르는 것 같다. 학생 본인이 원하지 않는 강의를 듣는 것이 얼마나 효과가 있을 것인지 궁금하다. 행사 숫자가 하나 늘었을 뿐이다. 이러한 숫자는 매년 실시되는 대학 평가에 반영된다.

우리네 대학가에서 실종되어 버린 '상대편' 개념의 상실은 누구의 책임일까? 전적으로 가르치는 쪽인 대학과 교수의 책임이다.

그러면 대학이, 교수가 안 가르쳐 준다고 대학생은 그저 맥 놓고 있어도 되는가? 아니다. 절대 그럴 수 없다. 미래는 학생의 것이다. 대학에서 못 배웠다고 해서 사회에서 변명이 되거나 면죄부를 받을 수 있는 것도 아니다.

대학이 학생을 잘 교육하지 못하는 것에는 당사자인 학생의 책임도 크다. 일반 서비스와 교육 서비스의 차이가 존재하는 이유다. 학생은 배움에 적극적이어야 한다. 아니면 학생은 대학 4년이라는 다시 돌아오지 않는 귀중한 시간을 헛되이 쓰는 것이 된다. 학생이 면학에 관심을 가지면 교수는 좀 더 관심을 가지고 많은 준비를 할 것이다. 학생은 더 많은 것을 배우게 될 것이다. 산이 내게로 오는 법은 없다. 내가 산으로 가면 그게 바로 산이 내게로 오는 거다.

무늬만 대학생

대학 4년이 왜 중요한가? 젊은이가 평생을 살면서 사회적으로 필요한 기본기를 배우고 경험할 수 있는 기간은 대학 4년 그리고 사회에 진출한 직장 새내기 시절 2~3년을 합쳐 약 7년 정도이다. 이후에는 어떤 형태이든 남을 관리하고 지휘하는 입장에 서게 된다. 이 기간은 젊은이가 미래에 필요로 하는 사회적 기본기를 배우고 전문적 지식과 경험적 사례에 대한 습득 능력이 가장 높은 시기이기도 하다. 7년이 흐른 후에는 여러 가지 사회생활을 하는 과정을 거치면서 점차 습득 능력이 저하된다. 따라서 7년 중에서 절반이 넘는 4년을 적극적으로 활용하지 않는다는 것은, 개인 입장에서도 인생에서 지식과 실력을 쌓을 수 있는 시간을 허비하는 것이요, 자신의 미래를 위해 노력할 수 있는 최고, 최적의 타이밍을 실기失機하는 것이 된다.

대학에 들어와서까지 중·고등학교 시절 모의고사나 수능에서 좋은 점수를 받기 위해 스트레스를 받으면서 공부했던 것처럼 할 필요는 없다. 왜? 대학에서의 공부는 정답을 구하는 것이 아니라 해답을 찾아가는 과정에서 생각하는 방식과 논리적인 사고를 습득하고 이를 응용하는 것이기 때문이다. 법칙을 이용해서 문제를 푸는 것이 아니라 사고실험gedanken experiment을 통해 과거와 연결하고 미래를 예측하는 것이 대학 공부의 본질이 되기도 한다. 대학은 초·중·고 때와 같은 '공부라는 근육'이 아니라 지식 활동과 사회생활에 필요한 '학습의 근력'을 키우는 곳이다.

남이 아닌 나의 대학생의 의미를 찾아야 한다. 그리고 그 시작은 대학 합격과 동시에 시작해야 한다.

"대학에 진학하지 않는 많은 사람 중에는 천재적인 능력을 가진 사람이 많습니다. 우리는 그런 사람을 찾기 위해 노력해야 합니다. 많은 대학이 약속한 대로 가르치지 않습니다. 대량으로 불량품을 생산하고 있습니다. 학생이 대학에서 인생에 필요한 것을 배우지 못하고 있습니다. 대학이 청소년기를 연장하고 있다는 생각이 듭니다." 구글의 인사 책임자인 라즐로 복Laszlo Bock의 주장이다. 대학 생활에 대한 가치는 대학생 자신이 만들어가야 한다는 뜻이다.

사회가 발전하면서 세상의 요구가 많아졌다. 다음 세대 젊은이는 지금 세대의 젊은이보다 더 많은 지식과 자질을 쌓아야 할 것이다. 그런데 방향은 거꾸로다. 대학생이 많아져서인지 대학생 불량품이 많이 배출된다. 이 과정에서 '보여주기식 강의'와 '방향성 없이 진행되는 수업 철학'이 용인되는 대학도 문제지만 대학생 스스로가 일조를 한다는 데 더 큰 문제가 있다.

대학생 젊은이들의 행태를 보고 있노라면, 과거에 비해 대학생으로서 해야 할 것 이외의 다양한 것에 더 큰 관심을 가지고 많은 시간을 소비하고 있는 것을 발견하게 된다. 연예인 이야기는 거의 모든 대학생이 통달해 있다. 예능·코미디 프로에 넋 놓고 시간을 낭비하는 사이에 자신의 아까운 시간이 흘러가는 것을 잊는다. 자신이 넋 놓고 열심히 시청해 주는 사이에 TV 출연자에게 돈을 벌게 해주고 있다는 사실을 망각한다. 카카오톡(일명: 카톡)은 시도 때도 없다. 수업 중에도, 집, 도서관, 카페, 어디에 있든지 카톡은 멈추지 않는다. 따로 시간을 들이기도 한다. 대학생 젊은이들이 SNS 메신저와 웹서핑에 하루 중 83~281분이나 소비한다는 이야기가 들린다.

예능·코미디 프로를 시청하거나 카톡을 하는 것이 꼭 필요해서 하는 비율이 얼마나 될까? 젊은이는 그것이 '쉬고 있는 것'이라고 항변할지 모른다. 그런데 그 시간이 과해서 결국 대학생으로서 해야 할 것을 못했다면? 대학생으로서 꼭 해야 하는 공부와 공부를 열심히 한 후에 갖는 휴식이라는 것의 우선순위가 바뀐다면 그건 주객主客이 전도된 거다. 적어도 대학생이라면 할 것과 안 할 것, 알아야 할 것과 알지 않아도 되는 것을 분간할 줄은 알아야 한다.

❋ 대학 4년의 주요 일정

대학 1학년

- **자신의 관심사 파악**
- **기본기 다지기**(시간 지키기, 에티켓 및 인사 예법 익히기, 규칙과 절차 준수)
- 대학 구조와 시스템에 대한 이해
- 지도 교수 면담과 교수 익히기
- **신문 읽기의 일상화**
- 사회 봉사 활동과 전국 배낭여행
- **7번의 방학에 대한 계획**

대학 2학년

- 코딩 과목 및 전공 분야의 조사방법론 수강
- **팀 프로젝트를 통한 토론의 이해**, 리더십 함양
- 자신의 가치·능력·관심사를 제로베이스에서 파악, **자기미래계획서 작성**
- **진로 설정을 위한 상담**, 필요시 전과·전학 준비
- 커리어(진로, 직업, 직장) 관련 행사 참관
- 해외 교환학생, 연수 혹은 인턴십에 대한 조사

대학 3학년

- 전공·관심 분야에 대한 전문 잡지 구독
- **진로의 재점검**, 직업·직장에 대한 조사, **자기만의 프로젝트 수행**
- 정확하게 수업과목들을 이수하고 있는지 체크
- **전공·관심 분야와 관련된 인턴십·현장 경험 쌓기**
- **어학 시험 준비**(**여름 방학**), **어학 시험 보기**(**겨울 방학**)
- 대학원 진학·유학 자격 내용과 일정 파악, 이력서 및 자기소개서 작성법 습득, 인터뷰 방법에 대한 워크숍 참가

대학 4학년

- **졸업 필요 과목 이수 여부 확인**
- 직업·직장에 대한 명확한 목표 설정과 현장 경험
- **자신의 진로·직업·직장과 관련된 자료의 구독과 검색**
- 이력서·자기소개서 작성과 인터뷰 연습, 대학원 진학·유학을 위한 에세이 작성

『먼 나라 이웃 나라』로 유명한 이원복 덕성여대 총장은, "요즘 대학생은 디지털에 익숙하다. 다양한 정보를 접하고, 정보를 지배한다고 스스로 생각한다. 그런데 활자 문화에 익숙한 국제시장 세대에 비하면 약한 부분이 있다. 판단력과 사고력, 의사소통 능력이 그것이다. 요즘 대학생들에게 필요한 건 디지털이 가져온 독소를 빼고 건강을 회복하는 디지털 디톡스digital detox다. 이를 위해 아날로그적인 소양을 길러야 한다"고 말한다.[2]

03 무엇을 배워야 할까?

근육 vs 근력

우리나라 젊은이가 가지는 대표적인 오류는 뭘까? 하나가 '대학 들어가면 공부는 끝'이라는 생각이다. 또 다른 하나는 '속박은 끝, 무한한 자유의 시작'쯤 될 것이다.

물론 대학생이 되면 대학에 들어가기 위한 공부는 끝이다. 그런데 '대학 들어가면 공부 끝'이라는 말의 뜻을 전문인, 사회인, 생활인이 되기 위한 공부까지 끝으로 착각한다. 그 공부는 아직 시작도 하지 않았다는 것을 모른다.

대학 공부는 전문인, 사회인, 생활인이 되기 위한 준비의 새로운 시작이다. 평생 공부의 시작이다. 대학생이 되고 나면 공부하고는 굿바이인 줄 알았는데, 생전 처음 경험하는 팀플 숙제와 좋은 학점, 높은 토익 점수(일정한 점수를 얻지 못하면 졸업을 안 시켜 주는 대학도 나타나기 시작한다), 능력의 다양성을 위한 복수 전공과 부전공, 전과와 편입학, 전문성을 인정받기 위한 자격증 등 여러 가지 문제가 앞에 떡 버티고 기다린다. 마지막에는 대학 생활에서의 가장 큰 숙제인 취업이라는 문제가 엄청나게 골머리를 썩인다. 대학에 입학하고 나니 대학생이 되었다는 기쁨과 환희는 잠시일 뿐 오히려 고민거리가 늘어난다는 불평이 여기저기서 터져 나온다.

우리나라 교육의 특성상, 대학 1학년 시기가 대학생인 된 젊은이가 그동안의 입시 지옥에서 벗어나 한숨 돌리고 편안한 마음으로 휴식을 취할 수 있는 유일한 시기인 것은 틀림없는 사실이다. 그런데 잠시나마 한가하게 쉬면서 자기 시간을 가진다는 것이 일주일, 한 달을 넘겨 여러 달 동안이나 친구와 어울려 종일 술 마시고 채팅하고 밤새 인터넷 게임을 하거나 PC방에 틀어박히는 일상이 휴식을 의미하지는 않는다. 인생에서 가장 귀중한 시간을 물 흐르듯이 보내고 낭비하는 것을 휴식이라고 생각한다면 그것은 대단한 착각이다.

'착각은 자유'라고는 하지만 그 착각에 따른 폐해는 대단히 크다. 그런데 문제는 그 사실을 시간이 상당히 지나고 자신에게 주어진 시간이 별로 남아 있지 않은 시점이 되어서야 비로소 알게 된다는 점이다.

대학생 새내기의 입장에서는 좀 억울할 수도 있다. 대학을 들어가기 위해 오랫동안 많은 것을 참고 견디어가면서 최선의 노력을 해 왔다. 대학에 들어가 입시지옥에서 벗어나 잠시 해방감을 맛보고 있을 뿐이다. 그런데 대학에서의 성적이 잠시 엉망이 되었다고 주위에서는 무슨 큰 잘못이나 한 것처럼 부정적인 관점에서 자신을 바라본다. 인정한다. 그러나 비록 몇 달이라는 짧은 시간이지만 그렇게 생각 없이 흘러 보낸 시간이 나중에 돌아보니 참으로 아까운 시간이었다면 이야기가 다르다. 시간을 돌이키는 것은 불가능하며 이미 늦었기 때문이다.

우리 사회가 가지는 독특한 교육 행태가 있다. 유치원부터 대학에 합격할 때까지 엄마가 거의 모든 것을 앞서서 끌어주고 코치해 준다. 그 과정에서 아이는 엄마가 모든 것을 해 주는 데 이미 익숙해졌다. 결과적으로 대학생이 되었지만 자립 능력이 거의 없는 상태가 되어 버린다. 그런 상태에서 대학생이 된 아이는 혼자 대학 공부에 적응하고 사회에 나가야 할 준비를 해야 하는 거다. 대학 생활을 어떻게 보내는지가 중요해지는 대목이다.

❋ 복사하기

회사에 들어가면 선배들이 다 가르쳐주고 일을 하나씩 하나씩 배워가며 적응할 수 있으리라 생각해서 아무런 준비도 하지 않은 듯합니다. 입사 후에 '사수'가 A3 사이즈 도면을 주면서 A4 사이즈로 복사를 해오라고 하는데 그것이 무슨 말인지 몰라 A3 사이즈 도면을 A4에 4등분을 하여 복사를 해가서 엄청 혼이 난 적도 있습니다. 지금 생각하니 참으로 어처구니없는 행동이었습니다.

수업이 아닌 학습이다

그러면 대학생이 된 젊은이들은 4년 동안 대학에서 무엇을 습득해야 하는가?

대학생 새내기에게 '대학에 들어와 어떤 공부를 해야 하는가?' '대학생이 되어 무엇을 해야 하는가?'를 물어본다. 좋은 학점 만들기, 토익 성적을 포함한 각종 자격증 따기를 기본 세트로 시작하여 여기에 유럽 여행, 해외 연수, 기업 인턴을 추가하는 대학생이 대부분이다. 극히 일부의 대학생이 "△△△ 취미 생활을 하려고 한다"거나 "○○○가 되기 위해 ××× 자격증을 따려고 한다"는 답을 한다. 우리나라 대학생 대부분이, 여행과 취미활동을 제외하고는, 대기업 혹은 공공기관에 취업하기 위해 필요한 스펙 쌓기가 대학 생활의 전부라고 생각하는 경향을 보인다.

그런데 세상이 바뀌었다. 대학이 지식과 기술을 선도하던 과거와 달리 이제는 기업이 대학을 선도한다. 고객의 안목과 정보 역량이 높아지고 요구 수준이 고도화되면서 시장에서의 기업의 강인함robustness이 절대적으로 필요한 시대가 되었다. 지식 축적에서 지식 창출로 경쟁력의 패러다임이 이미 옮겨가 버렸다. 인력을 공급하는 대학에서의 교육도 지식을 쌓는 것에서부터 문제를 인식하고 실행 능력을 향상하는 것으로 바뀌기를 기업은 원하고 있다.

대학에서의 공부는 TV에 나와 자랑하기 위해 연예인이 몇 달 사이에 복근이나 이두박근 같은 모양을 내기 위한 근육을 키우는 것과는 근본적으로 다르다. 새롭게 부딪힌 일을 끈질기게 잘 해결하기 위한 학습의 근력을 키우는 것이다. 그런데 근력은 근육과 달리 단시간에 만들어지지 않는다. 4년이라는 기간에 완성하기가 어려울 수도 있다.

멋진 근육은 실내 헬스클럽에서 6개월이면 만들어질 수 있다. 근력은 아주 오랜 기간 동안에 만들어진다. 강인한 근력을 키우기 위해서는 적어도 여러 해를 햇빛을 받고 비를 맞으며 들과 산으로 돌아다녀야 한다. 근력을 키우기 위한 공부는 '스스로 하는 것'으로부터 시작해야 한다. 대학에 들어가서 엄마의 잔소리 혹은 통제로부터 해방되었다고 좋아하면서도 여전히 엄마에게 의탁, 의존하는 자세를 가지고 교수가 시키는 공부나 하면서 근력을 키운다는 것은 어불성설이다.

그러면 대학생에게 필요한 '근력'은 무엇인가?

첫째, 타인과 협업하는 것이다. 기업이나 공공기관은 조직 구성원이 함께 일하는 곳이다. 오너가 아닌 이상 독불장군이 되어서는 곤란하다. 대학에 입학하기 전까지 우리 젊은이는 혼자 공부하는 데 익숙해져 있다. 남들과 협업하는 과정에서 생기는 갈등을 경험하고 그 해결 방법도 배워야 한다. 이 과정에서 자신만의 인적 네트워킹을 쌓으면 더욱 좋다. '독강'이나 '혼밥'은 그리 바람직하지 않다.

둘째, ICT와 멀티미디어와 관련 기법을 마스터하는 것이다. 유비쿼터스 환경ubiquitous(사용자가 장소에 상관없이 자유롭게 네트워크에 접속할 수 있는 정보통신 환경)이 만들어지면서 직장에서의 근무 환경이 혁신적인 수준으로 바뀌고 있다. 앞으로 기업과 공공기관은 거의 모두 네트워킹과 마케팅 툴로써 SNS 기반의 기술을 사용한다. 업무 자체가 ICT나 멀티미디어에 기반을 두고 이루어진다. 필요한 정보의 추적과 획득을 짧은 시간 내에 할 수 있어야 한다. 장소와 시간을 뛰어넘어 리포트 작성과 계획서 발표를 완벽하게 할 수 있어야 한다.

셋째, '기본기'를 다져라. 반듯한 사람이 되는 것이다. 기본기란 인사를 잘 하고, 시간을 잘 지키고, 글로벌 에티켓을 몸으로 익히고, 자신의 맡은 바 역할을 솔선수범하여 수행하고, 정해진 규칙과 절차를 지키는 것을 포함한다. 초·중·고 시절에 엄마는 다른 어떤 것보다도 공부와 성적을 최고의 선으로 생각했고 본인도 묵묵히 따랐다. 하지만 대학에 들어오면서부터는 그 기준이 전혀 달라진다. 기본기를 가진 젊은이가 실력을 가진 젊은이에 우선한다. 기본기를 갖는 것은 정신적·신체적·사회적으로 성숙하기 위한 필수 요건이기도 하다.

넷째, 학교 울타리를 벗어나 바깥세상을 경험하는 것이다. 자신과 세상을 보는 시야를 넓혀야 한다. 세상에 많은 기회가 있음을 아는 게 중요하다. 처음에는 어려움에 직면하면서 약간의 패배감을 가지기도 하지만 시야가 넓어짐으로써 '나도 할 수 있다!'는 자신감을 갖게 된다. 바깥세상을 경험하는 방법은 매우 다양하다. 여행만을 지칭하는 것은 아니다. 자신에 맞게 선택해라.

다섯째, 자신의 진로 방향을 정하는 것이다. 미래의 자기 모습을 스스로 상상해보고 그에 따른 자신의 포트폴리오와 로드맵을 만들고 하나하나 성취해 가면서 사회에 나아갈 준비를 하는 것이다. 특히 인간의 수명이 20년 정도 연장되면서 직업에 대해 가졌던 기존의 관념을 깨야 할 필요가 생겼다. 과거에는 기업의 생존 기간이 인간의 생존 기간보다 길었지만 앞으로는 그 반대가 될 것이기 때문이다.

마지막이지만 가장 중요한 것은 꾸지람을 기꺼이 받아들이는 것이다. 요즘 젊은이가 가지는 나약한 특성 중의 하나가 칭찬을 좋아하고 나무라는 소리를 극도로 싫어한다는 점이다. 싫은 소리나 귀찮은 소리는 아주 질색한다. 어른이나 선배가 젊은이나 후배에게 해줄 수 있는 것은 조언을 해주고 대화의 상대가 되는 것도 있지만 '칭찬과 나무람'이 함께 포함되어 있다. '칭찬은

❋ 신입직원 교육훈련 기간 중 벌어진 이야기

어느 중견기업의 신입 직원 70명에 대한 10주간의 교육훈련이 서울 외곽의 한 시설에서 이루어졌다. 대학생 시절에 학교에서 했던 버릇이 전혀 고쳐지지 않은 채로 처음으로 가져보는 직장, 그것도 신입직원 교육훈련 장소에서 그대로 나타난다. 수업 중 숨어서 스마트폰 하기, 늦게까지 동료들과 이야기하느라 늦게 자는 바람에 아침에 정리되지 않은 채 술 냄새 풍기면서 교육장에 나타나기, 뒤에서 퍼질러 자기, 늦은 밤에 숙소를 이탈해 술 먹고 오거나 애인 만나고 오기….

기업의 임원들은 기본기를 갖는 것이 직장 공부의 시작이라고 입을 모아 말한다. 기본기는 몸에 배어야 비로소 나타난다. 그래서 지식보다 쉽게 배울 수가 없다. 기업은 기본기가 부족한 사람을 가장 싫어한다. 안에서는 같이 일해야 하고 밖에서는 회사 명함 들고 돌아다니기 때문이다.

코끼리도 춤추게 한다'는 말이 회자되고 있지만 야단을 맞지 않으면서 코끼리가 춤추는 법을 배울 수는 없다.

그런데 근력을 키우기 위해서는 건강해야 한다. 우선 아프지 말아야 한다. 적어도 하루에 3시간 정도 자면서 일주일은 견딜 수 있는 체력을 가지고 있어야 한다. 그러기 위해서는 자기 관리와 체력 단련이 필수적이다. 친구들과 어울려 술을 마시더라도 요령껏 마시거나 절제하는 능력을 키워야 한다. 적어도 하루에 1시간씩은 운동을 해야 한다. 어떤 운동이라도 좋다. 그런데 운동하는 것이 처음에는 힘들다. 6개월 정도는 계속해야 몸에 슬슬 배게 된다. 자신의 공부나 일에 전념할 수 있으려면 자신의 영역에서 편안해야 한다. 집안에 우환이 없도록 돕고 부모님이 아프지 않도록 늘 보살펴 드려라.

04 나의 미래 짜기

미래에 대한 생각

"회사에 들어가면 어떻게 되겠지 또는 회사가 나를 어떻게 만들어줄 것이라는 착각 속에 있기보다는 내가 회사를 이용해서 어떻게 그리고 어떤 위치에 가고자 하는지를 미리부터 설계해야 합니다."

의외로 많은 대학생들이 자신의 미래에 대한 구체적인 계획을 가지지 않은 채 4년의 기간을 대학에서 보낸다. 구체적인 계획은 고사하고 4년의 대학 생활을 어떻게 보내고 다음 단계인 사회 진출을 위해 어떤 준비를 하겠다는 윤곽조차 없는 경우도 있다. 대학 4년에 대한 목표와 전략, 그리고 그에 따른 로드맵이 없으니 대학 생활과 대학 공부의 효율성은 차치하고 효용성조차도 담보하기가 어렵게 된다.

각자 스스로가 내린 '나의 대학 4년 생활'에 대한 정의와 노력에 따라 대학문을 나서는 순간의 기쁨은 달라진다. 그 선택은 각자의 몫이다. 4년 대학 생활의 결과 또한 각자가 짊어질 업보이다. 대학을 떠나 이제는 사회에서 직장인으로 살아가고 있는 젊은이의 속내를 들여다보자.

"대학 생활 3년차가 되면서 대학은 프린세스 메이커(가상의 아바타를 성장시키는 게임)라는 생각이 들었다. 말 그대로 본인이 어떻게 행동하는지, 어떤 가치를 선택해 그 경험치를 키우느냐에 따라 삶의 전환점이 되는 곳이었다."

"대학 생활을 하면서 대학의 네임 밸류나 따지고 남이 하는 것을 따라 스펙을 쌓기보다, 자기가 하고 싶은 일에 대해 구체적으로 미래 계획을 세우고 실천했어야 했다."

"무엇보다 넓은 시야로 내가 하고 싶은 일이 무엇인지 적극적으로 찾아보지 못한 게 아쉽다. 지금은 전공에 맞춰 취업해 대기업에 다니고 있지만 마음 한편에는 아쉬움이 남는다. 굳이 취직을 이야기하더라도 공부만이 능사가 아니라는 것을 느낀다. 남들이 하는 건 어느 정도 기본을 따라가면 되었을 성 싶다. 자신만의 스토리를 만들고 해보고 싶은 일을 경험해 보는 것이 훨씬 많은 도움이 된다는 것을 생각하지 못했다. 그래서 나의 길이 어디에 있는지를 진지하게 생각해 볼 수 있는 기회를 가지지 못한 것이 못내 아쉽다."

대학 4년이라는 기간은 짧지만 인생에서 가장 영향을 많이 미치는 시기이다. 늘 시간이 지나고 돌이켜보면 많은 아쉬움이 있게 마련이다. 절망이 아닌 아쉬움 정도를 가지기 위해서는 미래에 대한 진지하지만 즐거운 고민이 필요하다. 그래서 대학에 입학하면서 시작해야 하는 것이 자기 미래에 대한 큰 그림을 그리는 것이다. 대학 입시의 지옥에서 벗어나 휴식이라는 이름으로 행해지는 '한번 놀아보자'는 것보다 훨씬 더 중요하다.

미래에 대한 계획을 짜고 실행에 옮기는 과정에서 생각해야 할 아주 중요한 내용들이 있다. 우선은 자신이 희망하는 미래 모습을 그려 보는 것이다. 망상적인 미래가 아니라 지극히 실천 가능한 미래다. 나는 앞으로 어떤 인간이 될 것인가? 나는 그러한 인간이 되기 위해서 어떤 방향으로 진로를 잡아가야 할 것인가? 나는 사회인, 직업인으로서 어떤 곳에서 어떤 역할을 할 것인가? 등등의 이슈에 대한 자기만의 대답을 추구해야 한다. 물론 이 과정에서 자신의 적성과 능력을 충분히 고려해야 함은 기본적 요건이다.

다음으로는 목표를 향한 구체적인 실천방안이다. 물론 처음부터 구체적일 수는 없다. 실천을 해나가면서 구체화되고 미세 조정 과정을 거치게 된다. 이 과정에서 목표가 상향되기도 하고 하향되기도 한다. 궤도 수정이 일어나기도 한다. 4년간의 계획과 실천이므로 초기의 계획과 전혀 달라지지 않는 한 그리 크게 걱정할 필요는 없다.

구체적인 실천 방안을 만들면서, • 어떤 공부를 할 것인가(내용)? • 어떻게 공부를 할 것인가(방식)? • 공부를 통해 어떤 결과를 기대할 것인가(결과)? • 어떤 모습으로 대학을 떠날 것인가(활용)?가 우선적으로 고려되어야 한다. 그러나 착각하지 마라. 여기서 말하는 공부란 강의실에서의 수업만을 의미하지 않는다. 대학을 떠나면서 자신에게 필요한 것은 모두 대학 공부의 대상이다.

학생들에게 자기 자신의 미래에 대한 계획을 세워보라는 프로젝트를 과제로 주는 경우가 종종 있다. 학생들로 하여금 대학 생활에서의 자기중심을 잡아보게 하기 위해서다. 그러나 안타깝게도 거의 대부분이 무엇을 해야 하는지조차 모른다. 무엇을 해야 하는지를 모르니 남에게 물어보는 것조차 모른다. 기껏 인터넷 검색을 해서 가져오지만 내용은커녕 미래 계획을 짜는 절차조차도 모른다. 대부분의 경우 대충 제출하고 말지만, 공부를 좀 열심히 하는 성실한 학생일수록 시간을 좀 더 달라고 요청한다. 교수가 쉽지 않은 문제를 낸 것을 안다는 증거다. 흔쾌히 허락한다.

계획 짜는 방법을 학생들에게 알려주기 위해 간단한 질문을 하나 주어본다. "일주일의 시간과 백만 원이 있다면 이번 휴가를 어디로 가고 싶은가?" 대답이 다양하게 나온다. 그런데 이번 휴가의 테마theme를 생각하면서 휴가를 정하겠다고 말하는 학생은 찾아보기가 어렵다. 설명을 하고 나면 금방 이해하는 것처럼 보인다. 경영학에서 누구나 배우는 SWOT 분석(p. 233 참고)이 자신의 미래 짜기에도 활용될 수 있다는 것도 곧 알아차린다. 그러나 자신의 미래 계획을 짜는 것이 그리 쉬운 것이 아니라는 것을 학생들은 곧 알게 될 것이다. 실제로 해 본다는 것이 그리 쉬운 것이 아니기 때문이다.

교수와의 대화

미래를 설계하는 과정에서 어려운 문제가 한 가지 있다. 진로에 대해 진지하게 도와줄 사람이 주위에서 찾기가 어렵다는 점이다. 그동안 너무도 가까이 있던 부모님과는 상의하고 싶지 않다. 괜한 걱정이나 드릴 것 같은 생각이 든다. 대학에서 새롭게 만난 교수는 아직 낯설다. 책이라도 찾아보려 하지만 일반적인 이야기일 뿐 내게 꼭 맞는 내용은 없다. 옆에 가까이 있는 새로운 친구도 나처럼 헤매기는 마찬가지다. 옳지, 과선배가 있지!

과선배? 선배의 고견에 유익한 내용이 들어 있는지 아니면 엄청난 위험이 도사려 있는지를 대학생 새내기는 알 턱이 없다. 누가 좋은 선배인지, 누가 엉터리 선배인지 도대체 구별이 어렵다. 좋은 선배일수록 자기 공부하느라 학교 어딘가에 콕 박혀 있거나 학교 밖의 어딘가에서 무엇인가를 열심히 하고 있다. 엉터리 선배일수록 대학가 주변을 맴돈다. 요즘처럼 자유스러운 시기에도 그런 선배일수록 '위·아래' 따지고 형님 행세를 하려 드는 경향을 보인다. 그런 선배에게 새내기는 꼼짝 못하고 쩔쩔 맨다. 왜? 무엇인지는 몰라도 배울 것이 있을 것 같아 보이니까. 그런데 문제는 그 배운 것이 자기 것이 아닌 남의 것이요, 선배 입장에서는 생각 없이 그저 해 보는 소리인 경우가 많다는 점이다. 그리 도움이 되지 않을뿐더러 경우에 따라서는 대학 생활 자체를 선배에게 휘둘리기도 한다.

어찌된 일인지 우리네 대학생은 학교 안에 가까이 있는 대학의 시스템을 그리 높게 평가하지 않는다. 활용률이 저조하다. 관심이 없는지 존재 자체를 모른다. 등록금은 누가 냈지?

실제로 학생이 대학 내에서 상담을 할 수 있는 대상은 비교적 많다. 그런데 대학 울타리 안을 찾아보지 않고 밖만 쳐다보는 경향을 가진다. 대학의 취업지원센터나 경력개발센터는 구인 기업체를 알선해 주고 이력서와 자기소개서 작성을 도와준다. 자신의 적성과 진로를 알아볼 수 있는 심리상담센터도 거의 무료로 이용할 수 있다. 국제교류센터를 통해 해외 직무체험, 교환학생 자격, 외국인 교류도 가능하다.

대학생 젊은이가 필요로 하는 진로 상담과 관련하여 대학이 가지는 큰 장점은 다양한 전문가의 교수진이 포진하고 있다는 점이다. 그런데 많은 대학생이 교수와 면담을 해도 그리 도움이 되지 않는다고 생각한다. 두 가지 측면에서 그 이유를 찾을 수 있다.

첫 번째, 교수라고 찾아갔는데 '바로 그 사람'이 아닌 경우다. 교수는 그 속성상 넓게 알기보다는 아주 좁은 분야에서 전문가이다. 자기 분야가 아니면 딱 부러지게 말하지 않는 경향이 있다.

두 번째, 학생이 교수와 상담을 원하면서도 스스로 미리 찾아보지 않거나 깊이 생각해보지 않고 찾아오는 경우이다. 질문이 분명하지 않으니 교수도 학생이 원하는 명쾌한 답을 주기 어렵다.

이런 현상이 나타나면서 상당수의 학생들이 교수 말을 신뢰하기보다는 선배의 조언을, 외부 초빙 강연자의 경험을 더 옳다고 믿는다. 외부 멘토의 이야기는 아주 중요하다고 생각하면서 같은 내용의 이야기를 교수가 하면 '진부하다'고 말한다. 교수가 지식 이외에 하는 이야기를 잔소리로 듣는 경우도 흔치 않게 나타난다. 심지어 "지식을 배우고 싶어 이 수업을 들었지 교수님의 훈수를 듣기 위해서가 아닙니다"라고 말하는 학생도 있다. 잘못된 생각들이다.

시간이 허락하는 한 교수는 흔쾌히 그리고 최선을 다하여 학생을 도와주려고 애쓴다. 우리 대학의 교수든, 다른 대학의 교수든 미리 연락을 드리고 방문 허락을 받아 이야기를 듣겠다는 자세를 가져라. 이런 자세는 나중에 사회에 나가서도 매우 중요한 자산이 된다. 교수의 역할을 지식의 전수자, 취업 혹은 대학원 진학에 필요한 추천서 작성자로 생각하지 말고 적극적으로 활용하는 마음을 가져라. 교수와 자주 대화를 하다 보면 훗날 직장에서 상사와 대화하는 데 있어 큰 도움이 된다.

30년이라는 세대차에 따른 오류의 가능성이 엄연히 존재함에도 불구하고 아버지는 최상의 상담자이다. 자신의 실패까지도 이야기해 줄 수 있는 분이다. 그런데 우리 젊은이들은 아버지와의 대화가 원활하지 않다. 아버지의 형제와 친구, 사촌 형이나 언니와 같이 주위에 자신을 이해하고 상담과 조언을 해줄 수 있는 사람이 있다면 그분들에게 미래에 대한 조언을 듣는 것도 좋다. '혹시 친구 중에 ○○ 분야에서 일하고 계신 분이 없느냐?'고 여쭈어 보는 적극성을 가져라. 혹시 평소에 말수가 적더라도, 자신의 미래 방향 혹은 직업에 대해서는 남에게 물어보는 것을 주저하지 않기 바란다.

앞서 나가는 이야기이지만, 직장에서는 설명해 주는 사람이 없다. 상사는 늘 모르는 소리로 지시만 한다. 선배가 도움말을 해주는 경우가 있지만 그것을 정리하는 몫은 늘 자신에게 남는다. 중·고등학교나 대학에서처럼 교사나 교수가 강의 후 정리해 주는 것 같은 것은 없다. 물론 책에도 없다. 어디 가서 도움을 받아야 할지 모른다. 미리 알아보고 물어보는 습관을 들여라. 미리 준비하는 자세를 갖는 것은 대학에서나 직장에서 성공할 수 있는 비결이다.

경쟁이 치열한 분야의 기업이라면 정말로 어려운 일들이 많다. 상대방의 패를 미리 예상하면서 압도하거나 적어도 비겨야 하니 늘 풀어야 할 난제가 많기 때문이다. 대학에서는 학점을 잘 따기 위해 복습이 예습보다 중요하지만 복습을 하는 기업은 시장에서 살아남을 수 없다. 늘 뒤처지기 때문이다. 앞서기 위해서는 남보다 먼저 예습을 해야 한다. 사업 분야에서의 어려운 점을 예상하고 미리 대책을 마련해야 경쟁에서 이길 수 있다.

05 다양한 경험, 진실과 거짓

바쁜 대학생

요즘 대학생은 바쁘다. 해야 할 일이 너무 많다. 지난 30여 년 동안 우리 사회가 엄청나게 발전했기 때문이다. 공부해야 할 것도 많아졌고, 취업을 위한 스펙의 종류가 많아지고 수준도 높아졌다. 여기에 운동, 예술, 여행, 취미활동을 포함하는 놀 거리도 많아지고 다양해졌다. 이성 친구랑 연애도 해야 한다. 그런데 시간은 대학 4년뿐이다. 조금 더 시간적 여유를 가져보려고 휴학을 해 보지만 기껏해야 6년쯤 된다. 그런데 늦게 나올수록 취업은 어려워진다. 무한 경쟁시대에서 대학생 젊은이에게 낭만은 사치인가?

사회에 진출한 많은 직장 새내기는 "대학을 다니면서 가장 크게 생각한 것 중 한 가지가 바로 '취직만 하면 해야지, 월급 받으면 해야지' 하는 생각이었다. 그런데 여행, 취미활동 등 대학생 때는 금전적 여건이 부족해서 할 수 없었던 것이 사회에 나와 보니 시간이 부족해서 못하는 경우가 많다"고 후회 섞인 이야기를 전해 준다.

대학생이 된 젊은이가 학창시절에 많은 것을 해보는 것이 사치는 아니다. 중요한 점은 많은 것을 해보는 것이 자신의 미래를 위해 필요한 것이고 나중에 후회가 없는 것이어야 한다는 것이다. 많은 것을 해본다는 것이 의미 없이 이것저것 해보면서 소중한 대학 4년의 시간이나 흘려보내는 것을 의미하는 것은 절대로 아니다. 늘 미생으로 남게 된다.

대학에서는 공부도 열심히 해야 하지만 취미 생활도 시작해야 한다. 대학 합격을 위한 공부가 초·중·고 시절의 생활을 거의 지배하는 우리네 젊은이에게 대학생 시절은 처음으로 자신만의 취미 활동을 시작할 수 있는 기회다. 다른 나라의 젊은이에 비해 상당히 취약한 부분이 바로 취미 생활이다.

한국적인 교육 풍토에서 취미 생활과 진로가 같은 경우가 아니라면—예를 들어 어렸을 적부터 운동이나 예술 활동을 하면서 대학을 가지 않고도 진로를 정할 수 있는 것을 말한다. 그림 그리기, 글쓰기, 피아노 등의 악기 연주, 골프, 피겨 스케이팅, 야구, 축구, 조리 등이 포함된다—대학에 합격하기 전에 취미 생활한다는 것을 용인 받기란 아주 어렵다.

취미를 가진다는 것은 인생에서 매우 중요한 일이다. 대학 생활 중에 꼭 한 가지 취미를 가져보라고 권하고 싶다. 사회적으로 윤리적으로 문제가 없는 것이라면 어떤 것이라도 좋다. 나이가 들어서까지 할 수 있는 것이라면 더욱 좋다. "취업하면 돈이 생겨 무엇이든지 할 수 있을 줄 알았다. 그런데 그게 거의 어렵다. 대학생 때는 정해진 시간에 취미 생활을 하지 못해 사회에 나가면 가능할 줄 알았는데 바쁜 회사 생활로 인해 더 많이 불가능해지는 것 같다. 대학 생활을 최대한 사용해야 한다. 특히 취미 생활은 대학에서부터 시작해야 한다."

❋ 일과 오타쿠おたく

'놀이'가 친구와 만나 수다 떨고 술 마시는 문화 하나로 획일화된 우리나라 대학가의 분위기가 참 아쉽습니다. 그런 분위기에 편승하지 않으면 '아웃사이더'가 되거나 사회성이 없는 사람으로 취급되곤 합니다. 여행, 등산, 낚시 외에도 유적 답사, 역사서 읽기 혹은 특정 국가에 푹 빠져 그 나라의 언어와 문화를 배우는 것도 좋은 취미가 되리라 생각합니다. 주류에서 벗어난 취향이 '오덕 혹은 오타쿠(1970년대에 일본에 나타난 크리에이터가 창조한 비현실적인 것에 열중하는 팬들을 총칭)'로 취급되고 기피되는 시선이 변했으면 좋겠습니다.

직장에서 '일'을 '놀이'로 즐기기 위해서는 어릴 적부터 자기의 취미를 가져야 합니다. 그래야 자기소개서에 '소설'이 아닌 진솔한 이야기를 담을 수 있습니다. 많은 대학생들이 취미 생활을 즐기지 못하는 이유는 자신만의 취미를 발굴하기보다는 단순히 동기들과 술 마시기만 하는 문화에 젖었기 때문이 아닐까 조심스레 생각해 봅니다. 술은 회사에서도 얼마든지 마실 기회가 많습니다.

취미는 개인의 스트레스 해소에도 많은 도움이 됩니다. 직장 생활을 시작하게 되면 성격이 예민한 사람은 물론 무덤덤한 사람도 스트레스를 많이 받습니다. 환경이 바뀌기도 하고, 자신이 열망하던 이상과는 많이 다른 현실에 또는 야심차게 시작한 직장 생활이지만 너무나 작은 권한 앞에서 좌절하는 일이 흔하게 일어나기 때문입니다. 사내社內 인간관계는 말할 것도 없고요. 자기 스스로 스트레스를 관리하고 해소할 수 있다면 개인적인 생활은 물론 직장 생활에도 많은 도움이 될 것입니다.

'내일로'를 통해 친구들과 여행을 같이하면서 자신의 어려운 사정을 이야기하고 미래에 대한 설계도 함께할 수 있으면 좋다. '젊어서 고생은 사서라도 한다'는 각오로 국토대장정에 참가하는 것도 좋다. 국토대장정이나 백두대간 종주 같은 활동은 체력 단련에도 좋지만 훗날 사회에 나가 지도자가 되고자 하는 젊은이라면 정말로 해볼 만한 일이다. 체력적인 어려움뿐만 아니라 정신적인 갈등을 극복하면서 일정 기간 동안이나마 자신을 실험해보고 뒤돌아볼 수 있게 해준다. 몸이 고달픈 와중에서도 서로 도와주는 것을 배우면서 어려움을 같이했기 때문에 타 대학 학생들과의 집단적 교류가 이루어지면서 교분도 쉽게 쌓을 수 있다.

대학 졸업 전에 5,590미터의 만년설이 뒤덮인 중국 옥룡설산의 차마고도를 4,300미터까지 트레킹하고 돌아온 대학생 젊은이가 있었다. 그는 그 산행의 경험이 취업 면접뿐만 아니라 직장 생활을 본격적으로 시작하면서 선배들과 대화하는 데 많은 도움이 되었다고 자랑스럽게 말한다. 국내외 기업에서 CEO만 26년을 한 어느 친구는 게을렀던 아들을 억지로 4박 5일이 걸리는 킬리만자로 산행에 데리고 갔던 적이 있는데 그 경험이 아이의 대학 생활과 취업에 크게 도움이 되었다고 이야기한다. 꼭 외국의 명산이 아니더라도 많은 것을 가르쳐 줄 수 있는 산이 우리나라에도 여러 곳 있다. 자신을 위해 한 번 도전해 보기 바란다.

동아리의 득과 실

취업난이 대학가를 휩쓸면서 가까운 친구조차 경쟁자일 수밖에 없는 현실이 대학생 젊은이들의 마음을 무겁게 한단다. 그래서인지 요즘에는 혼밥(혼자 밥 먹기)이나 독강(강의 혼자 듣기)이라는 용어가 대학 건물의 벽에도 붙어 있다. 이런 대학가의 새로운 흐름에 대해 어느 언론은 취업 무한경쟁시대가 낳은 20대의 새로운 자화상으로서 호모 솔리타리우스homo solitarius(외로운 인간)의 모습이라고 칭하기도 한다.

젊은이가 대학 생활에서 외로운 인간이 되는 것은 대단히 바람직하지 않은 현상이다. 결국에는 남을 이해하지 못하고 나만 아는 개인주의가 팽배해질 수밖에 없게 된다. 생각이 꽉 막히고 편협해질 수 있다. 그런데 더 큰 문제는 대학 생활까지는 개인주의가 용납될 수 있지만 대학문을 나서면서부터는 상황이 전혀 그렇지 않다는 데에 있다. 그토록 젊은이가 염원하던 좋은 직장을 들어가게 되면 치명적인 약점이 된다. 자신이 바뀔 것이라고 낙관하겠지만 개인의 성격, 성향은 하루아침에 변할 수 있는 것이 아니기 때문이다.

개인주의를 누를 수 있는 집단 활동을 해보는 것은 대학 생활에서 누릴 수 있는 중요한 경험 중의 하나다.

동아리 활동은 대학생 젊은이가 교실을 떠나 집단 활동을 경험할 수 있는 가장 손쉬운 수단이요, 대학 울타리를 넘어 다른 대학 학생들과의 교류를 가능케 하는 장이기도 하다. "SKY 대학을 다니지 않은 내가 대외 활동을 많

❋ 혼밥, 독강獨講을 피하라

대학에 들어와 보니 정말 특출 난 학생들이 많다는 것을 알았습니다. 그러다보니 불가피하게 생겨나는 것이 경쟁입니다. 팀 프로젝트를 통해 동일한 학점을 받기보다는 시험을 통해 등급이 분명하게 나눠지는 수업을 선호하게 되었습니다. 시간을 많이 할애해야 하는 팀 프로젝트가 없는 과목을 중심으로 수업을 듣게 되었습니다. 4년 동안 이런 생각을 가지다보니 개인주의적 성향이 강해지게 되었습니다. 옆에서 수업을 같이 듣는 사람들이 동기, 동료, 경쟁자라는 의식보다는 학교 도서관에서 같이 공부하는 사람, 장소만 같은 장소에서 공부하는 사람처럼 느끼면서 4년을 보냈습니다.

대학 생활에서 개인주의를 막을 수 있는 동아리, 학회, 팀 프로젝트 등의 집단 활동이 필요하다는 생각이 듭니다. 그때는 시간이 아깝다고 생각하여 회피하였던 것들이 꼭 필요했다는 것을 이제야 깨닫게 되었습니다.

이 못 해본 게 후회된다. 대외 활동이야말로 진짜 대학 생활에서 중요한 것 같다. 인맥이든 경험이든 활용할 일이 많다"고 선배 졸업생은 말한다.

그러나 대학 생활의 중요한 한 축을 담당하는 동아리 활동에 대해 대학생 젊은이가 가지는 착각도 부정하기 어렵다.

첫 번째 착각, '구성원이 많고 선후배 교류가 많은 동아리가 좋은 것'이라는 생각이다.

"대학 입학 초기에 많은 동아리로부터 권유가 들어옵니다. 선배, 동기들로부터 동아리 소개와 활동 내용, 현재 인원수, 동아리 가입 시 혜택 등 다양한 이야기를 듣습니다. 같은 학과 사람들이 많이 소속되어 있어 선배와의 교류가 가능하며 족보 등 학과 생활에 큰 도움이 될 것이라는 권유가 많습니다. 그러나 학과 선배가 많이 소속된 동아리에 가입하는 경우 득得보다는 실失이 큽니다. 선·후배 교류는 많았으나 대부분이 술을 마시는 일이었고 선배들의 머슴처럼 살아야 하고 시간을 낭비하는 경우가 많았습니다. 그런데 3학년이 되면서 족보가 쓸모없다는 것을 깨달았습니다. 작년도 족보 시험지가 있으나 그것을 정확히 이해하고 문제를 풀어 답안을 작성할 수 있는 선배가 동아리 내에는 없었습니다."

인원이 많기보다는 공통된 목표가 분명한 동아리 활동이 좋은 경우가 더 많다. 인원이 많은 동아리의 경우 공통된 목표를 정하기 어렵고 그 결과 동아리 활동은 네트워킹이라는 미명하에 술이나 마시고 아주 나쁜 경우는 싸움이나 사고로 연결되는 경우도 일어난다.

두 번째 착각, '동아리 활동이 취업에 도움이 된다'는 생각이다.

"대학에서 여행 동아리와 게임 제작 동아리에 가입하였습니다. 여행 동아리는 한 달에 한 번 정도 여행을 다니면서 술을 마시는 동아리였고, 게임 제작 동아리는 소수 인원으로 컴퓨터 게임을 만드는 게임 중독자 모임이었습니다. 실제로 회사 면접 때 동아리 활동에 대한 질문이 나온 적이 있습니다. 여행 동아리의 경우, '어디로 여행을 갔는가?' '여행 계획 시 무슨 역할을 담당하였는가?' '외국 여행에서 문화적 차이는 무엇이고 대처는 어떻게 하였는가?'라는 질문입니다. 그런데 제 머릿속에는 여행지에서 술 마신 일 외에는 기억이 없었습니다. '글로벌 마인드를 키우기 위해 여행 동아리에 가입하여 활동하였다'는 제 대답에 면접관은 씁쓸한 표정을 지었습니다.

반면, 게임 동아리에 관련하여 질문이 나왔을 때는 자신 있게 제작 과정, 콘티 설정, 졸업과제 제출 등의 성과를 이야기했습니다. 면접관이 흥미를 갖기 시작했습니다.

여행 동아리처럼 다른 사람이 준비한 계획에 묻어가는 동아리 활동은 편하고 재미있기는 했지만, 막상 취업에 도움이 된 것은 직접 참여하여 구체적 성과가 나타나는 동아리 활동이었습니다."

양면의 얼굴을 가지고 있는 동아리 활동의 요체는 결국, '네 자신에게 쓸모 있는 동아리를 찾아라. 무엇인가 하는 동아리에서 역할을 하고 리더십을 배워라'가 아닌가 싶다.

"동아리를 선배가 기획해 주는 프로그램으로 생각하는 학생을 종종 봅니다. 짜여진 프로그램대로 행동하면서 인맥 내지는 이력서에 쓸 스펙으로 생각합니다. 자신이 스스로 기획하지 않은 쉬운 활동에는 아무것도 남는 것이 없습니다. 동아리에서 새로운 무언가를 제안하거나 창출하지 않으면 동아리의 참다운 의미가 없다고 생각합니다. 동아리 내에서도 노력이 필요한 발표 경진대회에는 참여하지 않고 얌체같이 뒤풀이에만 참여하는 회원은 오히려 환영받지 못합니다. 인맥 내지 무언가를 만들려면 적극적으로 참여하는 태도가 필요합니다."

대학생이 바쁘다고 하지만 직장인이 되면 더 바쁘다. 그런데도 대학을 졸업해 직장을 얻어 돈 벌면 이것저것을 하겠다고 생각하는 젊은이들이 꽤 있다.

기업에 들어간 직장 새내기들을 만나보면 정말로 눈코 뜰 사이 없이 바쁘단다. 출근은 '칼'같이 해도 퇴근시간은 기약하기 어렵다. 오전에는 부서 미팅, 오후에는 출장과 거래처 미팅, 다시 직장으로 돌아와서는 보고서 작성 아니면 거래처나 관계 기관 접대 등으로 직장에서의 생활은 쉴 틈 없이 돌아간다. 스마트폰이 생기면서 이동 중에도 이메일을 체크해야 하고 회사나 거래처와 쉴 사이 없이 전화 통화를 해야 한다. 여기에 더하여 요즘 대부분의 기업에서는 과장급까지 진급 시험을 치른다. 학원을 다니기 위해 아침, 저녁 한가한 시간을 포기하고 주말을 잊어야 한다. 갑자기 회사에 일이 생기면 학원도 못 가고 현장으로 달려가야 한다. 결혼한 젊은이들은 더 바쁘다.

대학 생활은 다양한 활동이 가능하고 자신만의 경험을 가질 수 있게 한다. "무엇이든 할 수 있다는 걸 몰랐다. 스스로 나이가 많다고 생각했고 졸업 후 취업 생각만 하고 살았기 때문에 뭔가 쫓겨서 빨리빨리 해야 한다는 생각이 대학 생활 4년 동안 줄곧 내 머릿속을 맴돌았다." 어느 대학 졸업생의 독백처럼 후회하지 않을 만큼 많은 것을 시도하기 바란다.

그런데 '어떻게 이 많은 것을 대학 생활 중에 할 수 있을 것인가?'라는 질문에 봉착한다. 참 어려운 질문이지만 대답은 간단하다. 어떻게 내게 주어진 〈24시간×365일×4년〉의 시간을 잘 활용할 것인가에 미래와 대학 생활의 만족이 달려 있다. 주어진 시간은 모두에게 같은데 만족의 정도가 다르게 나타나는 것은 결국 자신의 시간을 어떻게 관리하는가에 달려 있다. 그런데 시간 관리는 남이 해주는 것이 아니라 자기가 하는 것이다. 자신의 자신에 의한 자신을 위한 시간 관리, 그것이 초·중·고 시절의 생활과 대학 시절의 생활이 다른 점이다.

06 치맛바람에서 헬리콥터 맘까지

바람직하지 않은 이야기

워낙 아이의 대학 입시에 목을 매고 있다 보니 초·중·고 학생을 둔 엄마들 커뮤니티에는 '엄마의 선행학습을 통한 자녀 성적 향상'이라는 이야기가 회자된다. 그런데 대학에 들어와서도 엄마가 시키는 대로 공부하는 대학생의 이야기가 심심치 않게 들린다. 과학탐구대회에서 초등학교 아이들이 겨루는데 엄마가 열심히 공부해서 자료 준비를 해주던 나쁜 버릇이 대학까지 옮겨온 모양이다. 물론 극히 일부 엄마들에게서 나타나는 행태일 것이다. 취업이 어려운데, 대학 입학 후 무관심으로 일관하는 엄마들에 비하면 그래도 낫다고 이야기할 수 있을까?

어느 날 대학 관계자와 외부에서 점심 식사를 하고 있었다. 낯선 전화번호가 핸드폰에 뜬다. 양해를 구하고 잠시 자리를 옮겨 전화를 받았다. 자신의 아이가 내 수업을 들었는데 왜 성적이 나쁘게 나왔느냐는 항의성 전화였다. "대학에서 성적에 대한 이의제기 절차를 아실 만한 분인데 어떻게 어머니가 이렇게 전화를 걸어 교수에게 학점에 대해 항의하실 수가 있느냐?"고 짧게 답하고는 전화를 끊었다. 내 수업을 듣던 1학년 학생의 엄마였다. 그 과목은 1학년 대상의 과목이 아닌지라 누차 수강 취소를 권했지만 본인이 해 보겠다 하여 얼마 전 학기를 마쳤었다.

그 과목 수업에서 같은 팀을 이루었던 4학년 학생을 불러, 담당 교수가 그 학생을 위해 얼마나 많은 배려를 했으며 팀 선배로 하여금 어떻게 도와주도록 노력했는지를 본 대로 소상하게 이야기해 주라고 부탁했다. 며칠 후 다시 전화가 걸려왔다. 정말로 잘못했고 용서를 구한다고 한다. 별로 말을 섞고 싶지 않아 대충하고 끊었다.

더한 이야기 하나 해보자. 우리 대학 부학장께서 방송에서 들었다면서 전해준 이야기다. 어느 날, 어떤 회사의 부장이 새로 입사한 직원에게 일을 시켰다. 마감 날짜가 다 되어도 보고가 없자 불러서 물어보았다. "제가 준비는 다해 놓았는데요, 아버지께 검토를 부탁드렸는데 아버지가 요즘 바쁘셔서 검토를 다 끝내지 못했답니다." 회사 일을 아버지에게 검토 받느라고 보고서 제출이 늦어진다는 직장 새내기, 내용이 중요하고 경쟁 기업이 있는 경우였다면 이 직원은 그 회사에서 퇴출되거나 낙오할 수밖에 없었을 것이다. 새내기 직장인이 된 아이와 아버지가 기업의 업무 수행에 적응할 수 있도록 대화를 하고 코치를 하는 것까지 막을 수는 없다. 그런데 자식이 다니는 기업의 일을 검토하면서 남의 기업의 일정까지 늦추게 하는 행태가 과연 바람직한 것인지 묻고 싶다.

같은 맥락의 다른 이야기를 며칠 전 아내가 들려준다. 어느 봉사기관의 중견 간부가 하소연한 이야기란다. 우리나라 최고 대학의 최고 학과에 다니는 4학년 학생이 이곳에서 봉사를 하는 과정에서 몇 번을 빠진 모양이다. 기관의 규칙에 따라 봉사자로서의 자격을 잃게 될 지경이 되었다. 그러자 얼마 전 그 학생의 엄마가 항의 전화를 해왔다. 알고 보니 이 기관에 기부금도 많이 내시는 분이다. 기관의 규칙을 설명해 주고 다음 기회에 다시 봉사자로 일하는 방법을 알려 주었지만 원하는 사항이 이루어지지 않자 화를 내면서 전화를 끊더란다. 며칠 후 기관의 높은 분에게 전화가 간 모양이다. 이 간부는 불려가서 설명을 하고 돌아왔단다. 결국 그 학생은 봉사자 자격을 잃었다.

그 학생의 전공을 비추어볼 때 이 기관에서의 봉사 경험이 대학원 진학이나 취업에 도움이 될 것도 같지 않다. 왜 엄마까지 나섰는지 이해하기가 어렵다. 다시 봉사자 자격을 얻어도 별 상관이 없는 것 같은데, 그 학생은 왜 엄마에게 이런 이야기까지 했을까? 그 학생이 혹 대학 교수가 되어 우수한 인재를 가르치는 대학 강단에 서서 다른 젊은이를 가르치거나 아니면 국가공무원 5급 공채시험이라도 합격해서 나라의 큰일을 맡을까 걱정이 앞서는 것은 기우일까….

어느 기자가 요즘의 세태를 보면서 우려가 되었는지 "대학을 맴도는 '헬리콥터' 부모께"라는 취재 일기를 썼다. 공부를 열심히 했는데 교수가 학점을 잘 안 주었다고, 전과를 하려고 했는데 점수가 아주 조금 모자라 떨어졌다고,

취업에 유리하다니 총장 추천서 써 달라고, 가족이 해외여행 가는데 수강 신청기간과 겹치니 사정을 봐달라는 등등의 이유로 대학 총장실에 전화를 하는 부모가 참으로 많단다. 끝이 보이지 않는 취업난 속에서 부모로서 뭔가 해주어야 할 것 같다는 부담이 있겠지만, 대학생이 된 자녀가 스스로 판단하고 책임질 여지를 주었으면 좋겠다는 권고의 말을 내놓는다.[3]

엄마의 지켜보는 자세

'엄마의 사랑이라는 이름하에서 나타나는 욕망을 어떻게 절제하는가가 아이의 미래를 결정한다'는 제언을 『대학생 엄마의 착각』이라는 책을 통해 제시한 적이 있다.

엄마에게 아이는 세상에서 다른 무엇과도 바꿀 수 없이 중요하고 특별한special 존재다. 그래서 엄마는 자기 아이가 세상의 중심에 있는 것으로 착각하는 경우가 많다. 자식의 장래를 위해 시간과 돈을 아끼지 않고 적극적인 '인생 매니저'로 통하며 놀이방 통학에서 대학 입학까지 책임지는 엄마를 뜻하는 사커 맘, 슈퍼 맘, 알파 맘, 캥거루 맘, 헬리콥터 맘 등의 언어가 그래서 만들어졌다. 과연, 자기 아이가 세상의 중심인가? 아니다. 착각일 뿐이다.

과거의 치맛바람은 자식이 대학에 진학하면서 사라지곤 했다. 그런데 요즘은 그 행태가 달라졌다는 이야기가 들린다. 초·중·고 시절의 좋은 성적을 위한 엄마의 선행학습이라는 수준을 넘어 자식이 대학에 진학한 후에도 학업

지도를 계속하는 엄마가 많아졌단다. 수강 신청도 대신 해 주고 어떤 경우에는 소위 '빽'을 써주는 수준을 넘어 취업까지 도와준단다. 왜 그럴까?

중요한 점은 자기 자식은 세상에 하나밖에 없는 유일무이한unique 존재라는 사실을 잊고 있다는 것이다. 남의 이야기를 들어봤자 그건 그 아이에게 맞을 뿐이다. 내 자식에게는 안 맞을 수도 있다. 내 자식에게는 내 자식에게 맞는 방법이 있다. '정보'라는 남의 옷을 많이 구해봤자 내 자식에게 그 옷이 맞을리 없다.

대학까지는 아니 잘하면 직장까지도 엄마가 노력하여 집어넣을 수는 있다. 그런 행동이 바람직한가? 아니다.

직장에서 성공할 수 있는 자격은 대학 입시나 취업과는 다르다. 좋은 직장에 취업하기 위해서는 외국어 능력, 출신 학교, 스펙이 중요하지만, 직장에서의 성공에는 실무 능력과 인성(창의력, 리더십, 대인관계, 적응력, 추진력, 열정)이 중요하다. 그런데 이런 사항을 직장에서 중요시한다고 엄마가 알고 있더라도 미리 준비를 해놓을 수 있는 성격의 것이 아니다. 엄마는 어떻게 해볼 도리가 없다. 더군다나 직장 내에서의 경쟁은 상대적인 것이기 때문에 엄마가 나서서 초·중·고 시절처럼 선생님을 만나 해결해 줄 수 있는 사안도 아니다.

"부모가 자식의 사회생활까지 감당하는 건 한계가 있다. 설령 부모 도움으로 슈퍼 학벌을 가진다 해도 결국 회사에 가면 자신의 업무 능력과 성과로

평가받는다. 조바심이 나더라도 아이의 잠재력을 믿고 맡겨야 한다. 자율적으로 해결하는 능력을 갖춰야지 강요와 지시로 아이를 만들면 아이가 소극적으로 성장한다. 요즘 자기 아이가 무슨 소질이 보인다 싶으면 엄마는 학원부터 알아본다. 그래서 대학생도 무슨 시험을 보려고 하면 학원부터 찾아다닌다더라. 기가 막힌다. 뭔가 부닥쳐 보고 실패하면서 배워가야 하는데 쉽고 빠른 요령만 익히려고 한다. 그렇게 크면 사회에서 성공하기 어렵다." 어느 전직 외교관이 한국에 돌아와 우리 사회를 보고 난 후 던지는 말이다.

기업이 직원을 채용하면서 최근에 강조하고 있는 기준은 지원자가 가지고 있는 문제해결 능력이다. 아이가 할 수 있는 것이나 적어도 아이가 혼자 해보아야 할 것을 자식을 위한다는 마음으로 포장해 엄마가 앞에 나서서 해결해 준다면 앞으로 아이가 스스로 할 수 있는 일이 과연 무엇이 있을까? 아이에 대한 사랑의 정도가 심해져 아이의 결혼생활에 대해서도 엄마가 적극적으로 나설 수 있겠다는 생각이 든다. 물론 극소수의 열정이 넘치는 엄마의 경우이겠지만 말이다.

대학 새내기 중에는 대학에 들어와 새로운 공부를 해보니 재미있어 하는 경우도 많다. 그러나 대학 생활이 무엇인지 모르는 채 대학을 다니는 경우도 흔하다. 초·중·고를 거치면서 가르쳐준 것만 공부하는 것에 익숙해 있기 때문인지 대학 생활이나 공부에서 어떤 문제에 봉착하거나 무엇인가 궁금한 것이 있을 때 물어보는 습관이 전혀 부족하다. 대학에서의 공부 방식이 그동안의 공부 방식과 전혀 다름에 어려움을 가지면서 자신감을 잃기도 한다.

청소년기를 지나고 대학생 새내기로서의 새로운 생활은 기쁨인 동시에 불확실성에 대한 도전이다. 새로운 환경을 접하면서 두려움을 가지는 것은 당연하다. 두려움을 해소하려면 늘 가까운 곳에 좋은 대화 상대를 가지고 있어라. 젊은 생각을 공유하려는 선배도 좋고 어른도 좋다. 전문가를 찾아 도움을 구하는 것도 바람직하다. 그런데 그 대화 상대의 시작이 이제는 대학 입시라는 굴레에서 해방되어 여유로워진 부모님이라면 더욱 좋다.

최근 대치동 엄마들 사이에서 대학에 진학한 아이들과 미래 진로에 대해 같이 생각하고 코치를 해주는 현상이 나타나고 있다는 소식이 들린다. 일방적인 간섭이나 강요보다는 적정한 거리를 유지하면서 서로간의 대화가 중심이라고 한다. 대학 진학만으로는 사회 진출이 어려워지면서 나타나는 현상이지만 새로운 형태의 가족 문화로 자리를 잡아가기를 기대해 본다.

PART 02

대학 공부 이야기

대학이란 교수가 시키는 공부만 하는 곳이 아니다. 스스로 지적 능력을 쌓아 가는 곳이다. 자기 주도의 학습과 부단한 노력을 통해 아름다운 열매를 얻을 수 있다. 남보다 더하거나 남과 달리해야 한다.

01 변화된 게임의 법칙

퀴즈 열차

TV 방송에서 고등학생, 대학생 그리고 사회인을 대상으로 하는 퀴즈 쇼를 시청한 적이 있다. 프로그램 내용은 사회자가 질문하고 참가자 중 누군가 먼저 정답을 말하면 점수가 올라가고 최고점을 받은 사람이 우승자가 되는 것이었다. 점수에 따라 물론 상금도 많아진다. 거기에 재미를 더하기 위해 감점 찬스, 전화 찬스 같은 옵션도 도입했다. 50년 전 라디오를 통해 방송되었던 '퀴즈 열차'와 비슷한 종류의 프로그램이 아직도 존재한다는 것이 이상하게 느껴졌다.

게임의 우승자가 되는 방법은 얼마나 많은 지식을 머릿속에 담고 있으며, 얼마나 빠른 시간 내에 머릿속에 있는 지식 내용을 꺼내어 대답하는가에 달려 있다. 예를 들면, '메로베우스 왕조의 궁재였던 할아버지는 피레네

산맥을 넘어온 이슬람 군대를 투르와 푸아티에 사이에서 격퇴하였다. 아버지는 실권을 잃어버린 메로베우스 왕조의 왕을 몰아내고 새 왕조를 열었다. 아버지의 뒤를 이어 왕위에 오른 나는 누구인가?'와 같은 종류의 문제가 제시된다.

이 같은 Q&A 방식은 대학입학 수학능력시험을 포함하여 우리나라의 거의 모든 학교에서 시행하고 있는 OX 방식, 선다형, 단답식의 시험 방식과 유사하다. 방송국의 퀴즈 프로그램과의 차이는 '누가 빨리 답하느냐 vs 정해진 시간 내에 답하느냐'일 뿐이다. 기본적으로 많이 그리고 정확하게 답을 외우고 있어야 한다.

대학에 들어올 때까지 외워서 문제를 푸는 데 우리네 젊은이가 익숙해 있다는 언론 보도가 있었다. 대학수학능력시험이 쉽게 출제되기 때문이란다. 우리나라 중·상위권 학생이 중·고교 6년 동안 풀어보는 문제집이 30~60권이고 2차 방정식 문제가 문제집 한 권당 30~100개씩 실려 있단다. 대입수능시험을 위해 보통의 학생이 근의 공식을 이용하는 2차 방정식 문제 3천~6천 개를 풀어본다고 한다. 대학 입시 위주의 우리나라 교육환경에서는 수학에서조차 '암기력 테스트'가 된 시험이 보편화되었다.

공부를 잘하려면 정리定理나 공식과 같은 기초 지식의 상당 부분은 외워야 한다. 개념을 이해하는 것도 좋지만 기본적인 것을 외우지 않으면 앞으로 진도가 나가지 못한다. 학문의 세계뿐만 아니라 실무 세계에도 적용된다. 구구단을 예로 들 수 있다. 물론 구구단을 외우지 않고서도 일상적인 계산이 불가능한 것은 아니다. 그러나 짧은 시간 내에 계산하기는 어렵다. 2차방정식의 기본 공식도 마찬가지다. 영어 단어도 많이 알아야 소통이 잘된다. 베르누이 방정식과 오일러 방정식도 외우고 있어야 관련된 문제를 파악할 수 있다. 회계학의 분개방법 정도는 알고 있어야 그 다음 과정인 관리회계로 나아갈 수 있다.

문제는 중요해서 꼭 외우고 있어야 하는 지식과 이해하고 있으면서 응용하는 지식을 구별하지 않고 가능한 한 많은 지식을 머릿속에 담아 두려고 하는 데 있다. 어떤 이는 3천 가지의 포도주를 기억할 수 있다고 자랑이다. 그런데 지금은 인터넷·웹 시대다. 어디서나 지식의 내용을 검색할 수 있다. 외워서 문제를 풀면 경쟁력이 있던 시대가 저물어 가고 있다는 암시다. 그런데 문제해결 방식보다는 답을 외우는 방식, 문제 푸는 방식이 아직도 대학에는 만연하다. 문제를 파악하고 그 해법을 찾아가는 과정보다 문제의 정답 제시가 우선시 되고 있는 세태가 못내 안쓰럽다.

과연 사회에서도 외운 지식을 가지고 문제를 해결할 수 있는가?

"학교 교육과 회사 생활에서의 괴리감이 크다. 사회에서는 전문성을 추구하는 데 반해 대학에서 가르치는 것은 너무 보편적인 내용이다. 대학에서 배운 것을 회사 업무에 적용하기는 어렵다. 심지어는 취업 후 회사 업무를 위해 다시 공부하는 것이 현실이다."

정답과 해답의 차이

왜 이런 자조적인 이야기가 나오게 되는 것일까? 대학 공부에서도 대학을 들어오기 위한 방식으로 공부를 하기 때문이다. 교수의 강의 내용보다는 교재의 내용, 프로젝트 숙제보다는 필답시험에 치중했기 때문이다. 결과적으로 지식을 쌓기는 했는데 지식을 활용하는 방법을 배우지 않고 학습 능력을 향상시키지 못한다는 이야기다.

"우리 아이들은 오랫동안 교과서에 쓰여 있는 내용이 맞는다고 믿어 왔어요. 그래야 정답이 되거든요. 그렇게 익숙해진 아이들은 대학에 들어와서도 대학 공부가 무엇인지 모르는 채 교과서 내용만 알고 학점만 잘 따면 된다는 생각을 가지고 있어요. 그래서 대학의 수업 중에도 교재 내용 이외의 것을 이야기하면 싫어하는 경향이 있어요. 심한 경우, 교수가 교재 이외의 내용을 이야기해 주면 그것이 더 중요하다는 것을 모르고 왜 수업계획서에 나와 있는 대로 가르치지 않느냐고 교수에게 항의하기도 합니다."

"회사 생활을 시작하면서 느낀 점은 학교에서 배운 지식, 자격증 취득을 준비하면서 얻은 지식이 실무에서는 효용이 크지 않다는 것입니다. 기껏해야 몇 개의 전문용어를 아는 수준입니다. 신입사원의 입장에서 가장 중요한 것은 인사를 바르게 하고 다른 사람과 협업하는 태도입니다. 다른 사람의 도움이 필요할 때 다른 사람이 나를 위해 일하도록 부탁하는 태도나 행동이 회사 업무를 잘할 수 있느냐 없느냐를 가름합니다. 내 일이 아니니 안 한다는 생각, 딱 내 업무만 하겠다는 생각은 다른 사람들을 불편하게 만듭니다.

저는 다른 사람들과 협업하는 법을 대학에서 프로젝트 수업을 통해 배웠습니다. 결과가 좋아서 A를 받은 수업도, 반대로 D를 받은 수업도 있었습니다. 그런데 취직 후 깨달은 점은 결과는 그리 중요하지 않다는 것입니다. A를 받든지 D를 받든지 프로젝트를 수행하는 과정 속에서 무얼 배웠고 앞으로 어떻게 해야 하는지를 깨달았느냐가 가장 큰 자산이었습니다."

교수의 강의보다 교재의 내용을 중요시하면서 공부하는 경우 쌓은 지식이 오래되어 실용성이 떨어져 결국에는 쓸모없는 지식이 되는 것을 이야기해야겠다. 저자가 대학 1학년 학생들을 대상으로 사용하고 있는 경영학 교재는 국내판과 외국판의 2개가 있다. 모두 올해 구입한 것이다. 그런데 국내판을 자세히 살펴보면 제5판인데 2년 전에 발행된 것이다. 2006년에 발행된 제4판을 몇 년 전에 사용했는데, 변화된 내용을 비교해보니 사례가 몇 개 바뀌고 뒤편에 있던 내용이 앞으로 옮겨왔을 뿐이다. 초판은 1997년에 인쇄되었다. 외국판은 우리나라에서 구입할 수 있는 최신 교재로서 지난 학기에도 사용했는데 가장 최신판이 2007년 1월에 발행된 것이다. 교재 저술에 소요되는 약 2년간의 시간과 기업의 경영환경이 하루가 다르게 변화무쌍하다는 것을 감안한다면 교재를 통해 우리 대학생 젊은이는 아주 예전의 이론과 사례를 배우고 있는 것이 된다.

학생들도 이제는 이런 사실을 알고 있는 것 같다. 이 책의 원고 초안을 읽어주던 제자가 보내온 내용이다. 링크를 따라 들어가 보니 교수로서 얼굴이 뜨거워진다.

"아래 링크는 오늘 인터넷 뉴스를 보다가 교수님께서 이번 책에서 적으신 내용이 떠올라서 같이 링크를 보냅니다! 교수님께서 말씀하신 것처럼 세상은 많이 바뀌고 모든 게 휙휙 바뀌는데 전공 책만은 아직도 과거를 달리고 있는 것 같아 아쉽습니다. 최근 사례로 공부한다면 흥미를 가지는 학생들이 많아지지 않을까 하는 생각이 들었습니다!"[4]

다른 학문 분야는 어떤가 알고 싶어 서점에 다녀왔다. 비교적 지식의 변화가 큰 경영학 각론과 공학 분야를 중점적으로 뒤져 보았다. 위의 2가지의 교재들과 마찬가지 형편이었다. 국문판의 경우 초판이 발행된 것이 1996년(경영학, 현재는 2014년판을 사용), 1998년(장치분석, 현재는 2007년판을 사용), 2001년(전자기학, 현재는 2009년판을 사용), 2002년(경영학, 현재는 2014년판을 사용), 2006년(식품미생물학)이었고 외국판의 경우는 1987년(경영학, 현재는 2010년판을 사용), 1998년(장치분석, 현재는 2007년판을 사용), 2001년(전자기학, 현재는 2009년판을 사용), 그리고 번역본으로 2010년(제어공학)의 교재들을 현재 사용하고 있었다. 영재 수준의 학생을 대상으로 첨단 과학을 가르쳐야 하는 일부 대학을 제외하고는 대부분의 대학들의 사정이 비슷한 형편일 것이다.

시의성이 떨어지는 교재에 치중하는 대학 교육은 시대에 뒤떨어질 수밖에 없다. 교수의 선행학습에 의한 강의가 주를 이루어야 한다는 것을 시사하는 대목이다. 교재는 전문용어의 이해와 습득, 그리고 학생의 사전적 학습인 예습을 위한 단순 기본 교재로서의 효용을 가지고 있을 뿐이다. 그런데 대학생이 되어서도 정답만을 우선시했던 초·중·고 시절처럼 교재에 쓰여 있는 지식을 최고의 선으로 인식하고 복습을 위주로 하는 공부를 할 경우 낭패를 볼 것임은 자명하다.(물론 좋은 학점을 받기 위해서는 복습을 위주로 공부하는 것이 효과적이다.) 최근 기업에서 대학의 학점을 그리 높게 평가하지 않는 이유를 생각해볼 필요가 있다.

"기업에서는 학점을 대학 생활에서 마냥 놀았는지 아닌지를 판단하는 척도로 씁니다. 얼마나 똑똑하냐의 기준이 아닌, 성실성의 기준이지요. 기업과의 면접에서 학점이 높았다는 점이 아닌 어떤 수업을 어떻게 들었고 무엇을 배웠는지 어필하는 것이 좋습니다. 그러나 학점은 학교마다 A와 B를 어느 비율로 주는지에 따라서 달라지기 때문에 큰 변별력은 없다고 생각합니다. 예를 들어 A를 20%의 비율로 주는 학교가 있는가 하면 10%로 제한하는 학교도 있습니다."

지식은 가지고만 있을 경우 그리 큰 의미가 없다. 지식은 활용을 전제로 하는 것이다. 새로운 지식을 창출하는 도구이자, 사회적·경제적 문제가 나타났을 때 그 해결 방법을 찾기 위한 도구이다. 더 중요한 것은 도구는 가지고 있을 때보다는 사용할 때 그 빛이 난다는 점이다. 새로운 지식의 탄생과 문제의 파악을 알려주는 신문과 전문잡지에 대한 탐구가 필요하다. 그런데 우리 대학생 젊은이는 지정된 교재조차도 읽지 않고 수업에 들어온다. 기가 막히는 우리나라 대학에서의 교육 현실이다.

신新 지적 능력의 예

교육의 질을 높이기 위한 방법의 하나로 대학마다 새로운 교육방식을 도입하고 있다. 그중의 하나가 문제기반 학습problem-based learning, PBL이다. 이론이 아닌 실제적인 문제가 제시되고 이를 해결하는 과정에서 학습이 이루어지는 학습자 중심의 학습 환경이자 모형이다. 학생들은 사고 전략과 영역 지식을 함께 배우게 된다. PBL과정에서 학생들은 집단 협업을 기반으로 이미 알고 있는 것과 알아야 할 것, 문제 해결에 도움이 될 정보가 어디에 있으며 어떻게 접근해야 하는지 등을 찾아내게 된다. 이 때 교수는 수업의 주도자가 아닌 보조자로서 학습 과정을 관찰하고 안내하는 역할을 한다.

1학년을 대상으로 하는 경영학원론 강의에서 5가지 정도의 팀 프로젝트를 학생에게 내준다. 지식을 강의를 통해서도 얻지만 스스로도 얻으려는 노력을 습관화하기 위해서다. 그중에는 '하이마트에 가서 지난 3년 동안 신혼부부의 전자제품 구입 패턴을 조사해서 리포트로 제출하라'는 것도 있고, '전통 재래시장에 가서 아주 잘 나가는 상점의 숨겨진 성공 비결을 인터뷰를 통해 찾아 정리하라'는 것도 있다. 이 과정에서 각 학생 팀은 재주껏 아이디어를 짜고 남의 도움도 받으면서 과제를 완수해야 한다.

처음에는 어리둥절하던 학생들이 자신들의 많은 노력과 함께 교수와 동료 학생들의 신랄한 코치를 받아가면서 어려움을 잘 헤쳐 나간다. 1학기가 지나면서 많은 학생들이 재미를 느끼고 자신감을 가진다. 맛과 가격을 비교해 보기 위해 10개의 정육점에서 50그램씩 소고기를 사는 블라인드 테스트를 하는 등 교수도 생각하지 못했던 기발한 방법들도 제시된다. 기특하다. 이것이 1학년 대학생 새내기를 가르치는 맛이다.

팀 프로젝트를 통해서 학생은 무엇을 배울까. 우선 학생은 남과 함께 일하는 법을 배운다. 팀원들과의 협력과 소통뿐만 아니라 갈등을 해소하는 법도 경험한다. 다음으로는 해결책을 찾는 법을 배운다. 물건도 안사면서 인터뷰를 하기 위해 시간을 뺏어야 하는 상황에서 갑의 입장에 있는 상점 주인에게 시간을 내도록 설득하는 것이다. 마지막으로는 많은 어려움을 경험하고 작은 실패를 배운다. 그 과정에서 교실에서 배운 이론과 현장에서의 실제를 어떻게 연결하고 주어진 일을 완성하는 방법을 찾는다.

강의실·강의·수업계획서가 없는 '3무無' 대학 강좌가 화제가 된 적이 있다. 학부 수업에서 강의실이 없고 교수 강의가 없고 수업계획서도 없이 한 학기의 강의가 이루어진다는 기사였다. 강의실이 없기 때문에 학생은 여기저기 다닌다. 콘퍼런스나 예술 전시회도 간다. 학생 여러 명이 팀을 짜서 용산전자상가 동부대우전자의 벽걸이 미니 세탁기를 관찰하는 것으로 수업을 하기도 했단다. 제품은 어떤지, 판매원은 무엇을 설명하는지, 소비자는 어떻게 반응하는지 등을 관찰한다. 인터뷰도 한다. 학생들은 이러한 일련의 과정에서 얻은 지식과 경험을 토대로 사업 계획서를 작성한다.

최근에는 '창직創職'이라는 용어가 나타나기 시작한다. 남이 만들어 놓은 일자리에 취직하는 게 아니라 스스로 자신의 일자리를 개척하고 주인공이 되는 것을 말한다. 창의적인 아이디어를 기반으로 자신의 능력과 적성·네트워크를 활용한다는 점에서 일반적인 창업과는 다른 개념으로 사용된다. 창직을 위해서는 거창한 자본이나 장비가 필요한 게 아니다. 해당 분야에 대한 열정과 아이디어, 그리고 도전정신이 핵심이다.

신 지적 능력이란 새롭게 제기되는 문제에 대한 스스로의 해결 능력을 의미한다. 왜 우리네 대학생 젊은이에게 새로운 방식의 지적 능력을 가지기 위한 노력이 필요할까? "이 시대는 불확실하다. 모든 것이 빠르게 변화하고 심지어 본질적 가치도 바뀐다. 한때 올바르던 지식은 뒤도 안 돌아보고 퇴화하며 새로운 지식과 가치가 만들어진다. 그리고 이 시대는 불안하다. 정년퇴직은 몇몇 특수 직종을 제외하고는 모두 사라지고 있다. 100세 시대를 살게 될 젊은이들은 졸업 후에도 70년쯤은 더 살아야 한다. 이런 세상에선 다양한 지식을 융합하며 문제를 분석하고 정의하는 자율성과 창의적 문제 해결 역량, 실패해도 다시 일어서는 자신감을 갖춰야 한다. 사회에 나가서 실패하며 배우기에 세상은 너무 빠르고 혹독하다." 조광수 성균관대학교 교수의 말이다. 공감이 가는 이야기다.[5]

02 학점, 고고익선高高益善이 절대 진리인가?

자기 관리의 지표

내신이라고 하는 고등학교의 성적은 대학 입시에 중요하다. 대학수학능력시험 점수와 함께 합격에 크게 영향을 미친다. 그러면 대학에서의 성적은 어디에 필요할까? 대학원 진학과 취업? 대학원 진학 시에는 학점이 높을수록 좋다. 그러나 취업에서 대학 성적은 채용 기업과 기관에서 요구하는 일정한 수준을 넘어서면 충분하다. 영업직과 같이 학점이 별로 관계없는 직종도 있다. 공무원 시험은 아예 학점과 관계가 없다. "'학점만 좋으면 어디서든지 나를 인정해 주는구나!' 하고 우쭐했는데, 지나고 보니 단순하게 자기만족에 그칠 뿐 그다지 큰 의미가 있는 게 아니었다"고 자조적 웃음을 짓는 졸업생도 있다.

그런데 왜 대학에까지 와서도 좋은 학점을 유지해야 하는가? 우선, 기업

인사들은 대학에서의 학점이 '이 사람 공부 잘했나?' 하는 부분이 아닌 '성실함'의 한 부분이라고 보고 있다는 점을 알아야 한다. 대학생이 학점에 목숨을 걸어야 하는 이유를 어느 직장인 새내기가 보내왔다.

"저는 소위 SKY 대학 출신의 직장인입니다. 수시 전형을 통해 대학에 입학했습니다. 수시 입학을 위해 고등학교 때 엄청난 노력을 했습니다. 내신, 경시대회, 대외활동 등을 통해 대학 입시를 위한 스펙 쌓기에 집중했고 무난히 원하는 대학에 입학할 수 있었습니다. 문제는 대학 입시에 모든 힘을 쏟아부은 결과 대학에 와서 공부하기가 싫어졌다는 것입니다. 대학 입학과 동시에 모든 것이 끝났다고 생각했습니다. 대학에 입학해 중간 수준의 학점으로 졸업만 하면 어디든 갈 수 있다는 생각에 대학 생활에서 유희를 즐기려 했습니다.

이러한 마음 때문인지 '학점은 중간 수준만 가자'는 생각을 했습니다. '대학이 인생에 기회는 만들어 주지만 인생을 보장해 주지는 않는다'는 것을 깨닫지 못했습니다. 조금 더 학점을 잘 받았어야 한다는 생각이 듭니다. 대학생이 학점에 목숨을 걸어야 하는 이유는 크게 두 가지입니다.

첫째, 최선을 다하는 습관을 학점 관리를 통해 익혀야 합니다. '출석만 하고 시험만 보면 중간 수준의 학점을 받는데 무엇 때문에 학점에 목을 매야 하는가?' 이런 생각을 하는 대학생이 많을 것입니다. 저 역시 그런 생각을 가졌습니다. 그런데 이제 저라면 '대학 수업에 충실하지 않은 학생이 과연 회사 생활에 충실할 수 있을까요?'라고 반문을 하고 싶습니다.

저는 직장생활 3년차의 엔지니어로 동료들과 업무 경쟁은 적은 편입니다. 하지만 상사의 업무, 성과 경쟁은 정말 치열합니다. 연말에 성과급 차이를 보면 어설프게 대학 때처럼 '중간만 가자'라는 생각을 버리게 됩니다.

S~D등급까지 철저히 업무성과가 측정되고 성과급여도 크게는 한 번에 몇 백만 원씩 차이가 납니다. 그리고 'D등급 사원'이라는 낙인은 회사 생활에 치명적입니다. 지금은 남보다 나은 성과를 올리기 위해 악착같이 직장 생활을 하고 있습니다.

대학에서 치열하게 공부하는 습관을 만들면 직장 생활에서도 높은 업무 성과를 달성하는 데 큰 도움이 됩니다. 회사 생활은 자신의 업무가 분명해서 다른 사람에게 묻어가는 무임승차란 불가능합니다. 업무 성과의 구분이 확실해 중간이란 것이 없습니다. 대학 생활의 본업인 공부를 어설픈 마음가짐으로 하는 습관을 가지게 되면 직장 생활도 흐지부지하게 할 가능성이 높습니다.

둘째, 좋은 학점을 따기 위한 시간 배분은 자신의 역량을 점검할 수 있는 마지막 기회입니다. 주위에 학점을 잘 받는 친구를 자세히 살펴보면 시간 관리를 잘하는 경우가 많습니다. 저는 학교를 적게 가기 위해 수업을 몰아서 듣는 '주 3파(일주일에 3번 학교에 등교) 학생'이었습니다. 놀기 위한, 아르바이트를 위한 시간을 확보하기 위해 수업을 몰아서 수강하였고 결과적으로 시험 기간 중에 공부를 포기하는 상황을 맞기도 했습니다.

이런 습관 때문인지 지금도 업무를 위한 시간 배분을 잘 못해서 바쁠 때는 엄청나게 바쁘고 할 일이 없을 때는 인터넷만 들여다보다 퇴근하는 경우가 일어나고 있습니다. 프로젝트 A는 함께 협업하는 팀원들보다 훨씬 앞서서 진행하고 있는 반면, 프로젝트 B는 팀원들보다 훨씬 뒤처지는 바람직하지 않은 현상이 종종 발생합니다.

대학에서 교수가 수업 진도를 주도하는 것과 다르게 회사에서는 본인이 업무 일정을 짜고 달성률을 보고하도록 시간 관리를 합니다. 이러한 연습을 할 수 있는 곳이 대학입니다.

마지막으로, 이왕 비싼 등록금 낸 거 남보다 좋은 학점을 받으면 부모님도 좋아하실 것이며 취업할 때 남보다 조금은 이롭습니다.

대학 공부를 하면서 '중간만 가도 괜찮다'는 생각은 버려야 합니다. 대학에서부터 최고를 목표로 최선을 다하는 습관을 가져야 합니다."

좋은 성적은 1학년부터

대부분의 대학생은 대학 2, 3, 4학년에 배운 전공 지식을 가지고 직장에 들어가 평생 활용하려는 측면이 있다. 그런데 대학에서 배운 지식이라는 것이 오래전에 형성된 것들이 많고 배울 당시에 이미 현장의 실무와는 상당한 괴리가 있을 수밖에 없어 효용성이 그리 큰 것은 아니다.

그럼에도 대학에서 좋은 학점, 예를 들면 4.3 기준으로 3.7 이상을 유지한다는 것은 대학 생활에서의 성실성을 가장 손쉽게 증명하는 지표다. 좋은 성적을 가지고 있다면, 대학을 졸업하고 생각이 바뀌어 다른 분야로 진로를 바꾸거나 새롭게 무엇을 하더라도 크게 문제가 되지 않는다. 성실성이 이미 입증되었기 때문에 자신도 남들도 모두 '성실하게 잘 해낼 것'이라고 믿을 수 있다. 특히 자신이 원하지 않았지만 일단 주어진 것을 열심히 수행하고 좋은 결과를 얻는 경우 대학 생활에서의 끈기를 입증한다고 해도 과언이 아니다.

대학 성적이 좋다는 사실이 주는 또 하나의 의미는 변화에 대한 적응이 원만하게 이루어졌다는 점이다. 역사는 강한 자가 살아남는 것이 아니라 변화에 잘 적응하는 자가 살아남는다survival of the fittest는 것을 가르쳐 주었다.

중·고등학교에서의 교육과 대학에서의 교육은 기본적으로 성격이 다르다. 교육 내용이 다르고, 교육 방식이 다르고, 경쟁자가 다르다. 지식의 쌓음보다는 지식 간의 연계가 보다 중요해지고, 남이 가르치는 공부에서 스스로 찾는 공부로, 동년배 간의 경쟁에서 선·후배 간의 경쟁으로 바뀐다. 대학 성적이 좋다고 하는 것은 대학 생활에 잘 적응하고 새롭게 전개된 경쟁 환경에서 낙오하지 않았다는 것을 의미한다. 그래서 또 다른 변화가 다가오더라도 잘 적응할 것이라고 신뢰를 받을 수 있게 된다.

대학에 입학하면서 '공부는 끝, 내 자유 생활의 시작'이라고 생각하면서 짧게는 1년, 길게는 2년 정도 학업보다는 다른 것에 신경을 더 쓰는 대학생들이 있다. 그 종착점은 물론 학사경고에 가까운 평점이다.

3학년 혹은 4학년이 되면서 대학 공부를 심각하게 생각하기 시작한다. 그러나 시간이 짧아서인지 좋은 결과를 보지 못하게 되면 포기하고 싶은 마음이 생긴다. 어떻게 해 보려고 노력하는 것이 아니라 '어떻게든 해결되겠지'라는 마음을 가지면서 공부를 회피하기 시작한다. 대학 졸업 후가 슬며시 걱정되지만 하루하루 아까운 시간을 허비하면서 마음을 끓일 뿐이다. 그 끝은 어디일까?

대학에서의 좋은 성적은 성실성의 지표이며 자기 관리의 척도다. 좋은 성적은 자신감을 주고 마음의 평안도 가져다 준다.

❋ 대학 생활 중에 갖추어야 할 지적 능력

비판적 사고

- 수업 내용을 듣고 단순 필기가 아닌 효과적인 요약
- 수업 혹은 독서 내용에 대한 단순한 수용이 아닌 타인의 비판적 견해의 추가
- 특정 주제에 대한 자신의 관점 제시
- 어떤 주제에 대한 아이디어 혹은 지식을 다른 주제에의 적용
- 자신의 생각에 대한 설득력 있는 주장

정보 수집·분석·종합

- 특정 주제에 대한 적절한 문헌(단행본 및 학술 잡지) 탐색
- 습득한 문헌의 질적 신뢰성 평가

학술 정보 참조

- 문헌 및 인터넷에서 찾은 특정 내용에 대한 유용성 여부 판단
- 표절에 대한 이해와 명확한 출처 표시

발표력

- 간결·명확하고 체계적인 보고서 작성
- 발표를 통한 수업에의 기여 및 동료 학생들의 관심 유도
- 자신의 생각을 청중에게 명확하게 제시

자기 관리

- 충분한 시간을 가지고 과제물 준비
- 아프거나 다른 일이 생기는 경우에도 정해진 날짜에 과제물 제출
- 시간을 잘 관리하고 여러 가지 일의 우선순위를 잘 설정하여 실행

자기 계발

- 건설적인 비판에 대한 의연한 대처
- 경험으로부터 배우려는 자세

03 나만의 프로젝트

진짜 공부란?

기업의 채용 방식이 '보이는 스펙에서 보이지 않는 스펙으로' 바뀌고 있다. 지식을 많이 가진 젊은이보다 문제를 해결할 수 있는 능력을 가진 젊은이를 선호한다. "기업이 원하는 건 많은 스펙을 나열하는 게 아니라 진짜 원하는 게 뭔지 자기 정리가 된 사람"이다. 당연히 학력學歷보다는 학력學力을 우선시한다. 이제는 자신만의 프로젝트 경험이 스펙이 되고 취업의 열쇠가 되는 시대가 되었다.

이공계열의 대표적인 학문분야인 기계공학과에서 제공하는 과목 중에 4대 역학이라는 것이 있다. 고체역학·열역학·동역학·유체역학을 가리킨다. 기계·장치, 자동차, 항공기 등을 설계하고 제작하는 데 있어서 기본적인 지식이다. 기계공학과 혹은 유사 학과에서는 필수과목이다.

그런데 기계공학을 전공하는 '인 서울' 대학생이 4대 역학을 수강하면서 좋은 학점을 받았다고 좋은 기업에 취업이 될까? 천만의 말씀이다. 기계공학에 대한 평가가 높은 대학의 졸업생이라면 몰라도 평가가 보통 이하인 대학의 졸업생에게는 가능성이 높지 않다. 왜? 같은 과목을 이수했더라도 평가가 좋은 대학에서 좋은 학점을 받은 학생이 평가가 낮은 대학의 졸업생보다도 실력이 좋을 것으로 기업은 판단하기 때문이다. 모두가 같은 과목을 공부하더라도 실력이 낫다고 평판이 난 대학의 졸업생을 선택하는 것이 일반적인 현상이다.

그러면 대학 평가가 낮은 대학의 기계공학과 졸업생은 어떻게 해야 경쟁력을 가지고 졸업과 동시에 취업이 가능해질까? 그 답은 바로 차별화에 있다. 나만의 독특함을 갖는 것이다.

우선은 눈높이를 낮추어 덜 좋은 회사에 응시하는 방법이 있다. 대학생 젊은이가 덜 선호하는 기업의 경우 응시자의 수준이 그리 높지 않을 것이기 때문에 합격의 가능성이 높아진다. 그런데 우리처럼 남과의 비교가 일상화되어 있는 사회에서 눈높이를 낮춘다는 것은 그리 쉬운 결정이 아니다.

다음은 4대 역학을 응용한 분야에 대한 공부를 하는 것이다. 추진체推進體를 전문으로 하는 기업이라면, 기계공학과에 대한 평판이 높은 대학의 졸업생보다 평판은 조금 떨어지지만 추진체를 기반으로 4대 역학을 집중적으로 응용한 공부를 한 대학의 졸업생을 채용한다. 현장 투입이 손쉽기 때문이다. 응용 분야에 대한 공부는 동아리가 하나의 해법이 될 수 있다. 전문 잡지를 같이 공부하거나 프로토타입prototype(시제품)을 함께 만들어 보고 작동해 볼 수 있기 때문이다.

이와 같은 논리는 인문계열의 대학생들이 선호하는 경영학과에도 적용된다. 일반적으로 경영학과에는 경영·전략, 마케팅, 재무, 생산과 운영, MIS, 회계의 6개 세부 전공을 두고 있다. 경영학과에 들어온 학생은 1학년에 경영학원론과 경제학원론 그리고 회계원리를 기초과목으로 듣는다. 2학년이 되면 경영학과의 필수과목인 조직행동론, 마케팅관리, 경영정보론, 관리회계 등을 두루 수강해야 한다. 3, 4학년에는 본인이 선호하는 세부 전공의 과목들을 선택적으로 수강하게 된다.

이 과정에서 교수는 각자 자신의 전공분야의 관점에서 학생을 가르친다. 교수 각자가 선호하는 특정 기업이나 교재에 나와 있는 기업을 대상으로 자기 전공의 입장에서 접근한다. 사정이 이렇다보니 전체적인 안목을 키우는 통합integration(여러 가지의 조각을 하나로 완성시키는 의식적인 노력) 과정과 그에 따른 문제해결 능력의 배양은 온전히 학생이 스스로 해결해야 되는 부담으로 남는다.

그 결과 대부분의 경영학도는 대학 4년 동안 상당히 많은 양의 경영학 과목을 수강하고 많은 기업 사례를 경험하지만 여러 측면에서의 다양한 안목과 문제해결 능력을 갖추지 못하고 조각 형태의 지식을 머릿속에 간직한 채 대학을 졸업하고 사회로 나간다. 대학에서 배운 지식이 기업 현장에서 가치와 존재를 잊게 하는 이유이다.

학생 입장에서는 이런 문제를 어떻게 해결해야 할 것인가? 스스로 찾고, 생각하고, 노력하는 모습을 가져야 한다. 의류 분야의 상품기획자(MD)가 되고 싶다면, 해당 의류 제품의 원단 조달 방식, 의류 개발과정이나 생산 방법 등을 알아보거나 고객과의 접점인 백화점 혹은 영업점에서 아르바이트를 하면서 소비패턴과 유통구조를 정리해 보는 것이다. 그런데 혼돈하지 말라. 이 과정에서 학생들이 간과하고 있는 점이 있다. 의류 분야의 MD라 하더라도 유통업자와 제조업체에서 필요로 하는 MD의 자질과 경험은 상당히 다르다. 유통업자인 백화점이나 홈쇼핑과 제조업체의 가치 사슬value chain이 다르기 때문이다.

공부와 실무의 괴리

직장 새내기들이 이구동성으로 대학에서 배운 지식과 일터에서 요구하는 지식 간에 존재하는 괴리를 이야기한다. 왜? 대학에서는 적어도 투자자의 입장 혹은 돈 버는 관점에서 공부를 한 것이 아니기 때문이다. 고교 시절보다는 더 높은 수준이지만 단순히 지식을 쌓았을 뿐이다. 실생활 적용이라는 관점에 그리 신경 쓰지 않아도 지식의 이해로 충분했다.

대학에서는 자신이 낸 돈으로 공부하면서 지식이라는 구슬을 모았다. 그런데 직장에서는 구슬을 예쁘게 꿰어 목걸이를 만들어야 한다. 물론 보수를 받으면서다. 그런데 열심히 엮어낸 목걸이가 다른 사람들의 것과 비슷하거나 같으면 '짝퉁'으로 취급되어 팔리지 않는다. 직장에서는 돈을 벌어주어야 대접을 받는다. 남이 번 돈을 받고 쓰기만 한다면 곧 직장에서 외면당하게 된다. 회사에서 무시당하지 않으려면 회사의 업무에 도움이 되는 실용성 있는 지식을 습득하기 위해 다시 공부해야 한다.

직장에서의 공부는 대학에서의 공부와 그 내용과 방식에 있어서도 많이 다르다. 공부하는 자세, 배우겠다는 자세도 다르다. 새로운 업무는 복습이 불가능하다. 내 업무이니 내 책임하에서 동료와 상사의 도움을 받아 방법을 찾아야 한다. 직장에서 필요로 하는 공부를 다시 시작한다는 마음을 가져야 하는 이유이다.

학습 능력을 높여라!

구슬을 많이 갖는 것도 중요하지만 구슬을 많이 가졌다고 해서 충분한 것은 아니다. 날알 구슬과 꿰진 구슬은 전혀 다른 가치를 가진다.

18세라는 아주 어린 나이에 당시 세계 최고의 기업인 마이크로소프트에서 인턴 자격을 얻었고 구글의 엔지니어로 일했던 게일 맥도웰Gayle McDowell이 한 수 거든다. "무엇인가 시작해라. 조그만 회사를 창업하거나 혹은 어떤 프로젝트를 시작해라. 이를 통해 기업이 당신에게서 보고 싶어하는 사실상의 모든 것—현장 경험, 열정, 계획성, 리더십과 창의성—을 증명해 보일 수 있기 때문이다." 기업에서 원하는 경험을 자신만의 프로젝트를 통해 쌓는다면 그 경험을 이력서나 자기소개서에 자랑스럽게 과시하여 인사담당자의 관심을 이끌어내고 결국에는 자신이 원하는 직장을 얻게 되는 행운을 가질 수 있다고 말한다.

새로운 프로젝트가 생각나지 않는다면, 자신이 원하는 진로에 적합한 기업 혹은 공공기관을 하나 선정해라. 그리고 그 기업이나 기관에서 미래에 필요로 할 것이라고 판단되는 조그만 문제를 찾아 자신의 프로젝트로 만들고 다양한 수업에 적용해 보기 바란다.

이 과정에서 중요한 점은 프로젝트의 내용이 기업이나 기관의 입장에서 상당한 실무적 성격을 가져야 한다는 것이다. 대학생이라고 해서 이론이 위주가 되는 프로젝트는 지양해야 한다. 책임지는 일 없이 방향만 제시하는 수준에 머물러서는 곤란하다. 실용성과 효용성이 모두 떨어져 애써 생각하고 실행한 프로젝트의 의미가 사라지기 때문이다.

프로젝트가 기업을 대상으로 하는 경우 기본적으로 돈을 벌거나 절약하기 위해 필요한 것이어야 한다. 사회적 기업인 경우에도 돈을 쓰는 것이 아닌 돈을 벌기 위한 대책을 강구하는 내용이 중심이 되면 좋다.

공공기관을 대상으로 하는 경우에는 그 내용이 기업과 달라진다. 대부분의 기관이 이익 창출보다는 설립 목적을 달성하기 위한 활동을 전개하기 때문이다. 특정한 분야에서의 공리公利; public interest를 증진시키거나 정책 목표를 효과적이고 효율적으로 달성하는 것에 초점을 두도록 해라. 물론 공공기관의 설립 목표에 대한 이해가 선행되어야 한다.

나만의 프로젝트에는 공부도 포함된다.

대학에서 자기 스스로 해야 하는 공부 중에는 수업을 듣는 것 외에도 두 가지가 더 있다. 하나는 자신이 진출하고자 하는 분야에 대한 정책이나 기술 그리고 소비자고객 행태가 어느 방향으로 변화하고 있는가를 꾸준하게 관찰하는 공부이다. 산업의 발전 역사 혹은 트렌드에 대한 이해가 없이 전문가가 되거나 능력 있는 직원이 되기는 어렵다.

다른 하나는 타 분야에 대한 지식 습득이다. 예를 들면 이공계 전공의 학생들도 경영학 계열의 과목들을 2~3과목 수강해서 기초적인 지식을 가지고 있어야 한다. 기업의 입장에서는 '공대를 나왔으면 원가계산 정도는 할 수 있어야지'가 기본이다. 그런데 교수와 학생은 그 뜻을 헤아리지 못하는 것 같다. 전공분야의 지식만을 참으로 중요하게 생각한다. 수요자인 학생의 입장이 아닌 지극히 공급자인 교수의 입장에서 가르치기 때문일 것이다. 언젠가 화학공학과 교수인 친구와 산행을 하면서 "자네 학과에서는 경제성을 가르치지?" 하고 물었더니 "아니"라는 짧은 답변이 되돌아 왔던 것이 기억난다.

경제성공학Economics of Engineering이라는 과목은 공대생에게 필수다. 경제에 대한 기본 개념을 갖지 않고 어떻게 제품을 설계하고 공장을 운영할까? 스탠포드 대학도 가르치고 MIT도 가르친다. 그런데 우리네 공과대학은 어떤가! 이 부분도 학생의 몫인가?

대부분의 이공계 학생은 졸업을 하면 기업이나 공공연구기관에 들어간다. 새로운 기술이나 제품을 개발하려면 우선적으로 재무 담당자나 예산 담당자를 설득해야 한다. 그래야 충분한 연구비를 지원 받을 수 있다. 새로운 제품을 성공적으로 개발했더라도 타당성 검토를 끝내기 전에는 시장에 출하할 제품을 본격적으로 생산할 수가 없다.

인문계 학생도 마찬가지다. 자신이 관심을 두고 있거나 진출하려는 분야와 관련된 이공계 과목 2~3개는 수강해야 한다. 관련 과목이 자기 대학에 개설되어 있지 않으면 다른 대학을 찾아보거나 아니면 전문 잡지라도 구독해서 습득해야 한다. 이제는 과학과 기술이라는 것이 기업의 제품과 서비스뿐만 아니라 사회 전반에 걸쳐 일어나는 현상의 밑바탕에 깔려 있다. 경영학도가 삼성전자 구매부에서 일하려면 수많은 부품 소재에 대한 원가 측면에서의 지식뿐만 아니라 기술적 이해가 필수적이다. 삼성전자 영상디스플레이 사업부에서 제품의 원가 운영 및 분석 업무를 다루는 재무팀 직원이라면 해당 제품을 구성하는 많은 부품들에 대한 원가뿐만 아니라 기술적 특성에 대한 이해가 있어야 업무를 담당할 수 있다.

"인문사회계열 졸업생들이 흔히 말하는 '학교 공부가 입사 후 아무 소용이 없더라'는 것의 원인은 이공계에 대한 이해 부족에서 발생하지 않았나 생각합니다. 기업에 취업하고 싶다면 자기 전공 이외의 그 무언가가 있어야 합니다. POSCO에서 일하려면 철이 어떻게 만들어지는지 열연 코일과 냉연 코일, 아연도금 강판에서의 GA와 GI의 차이점 정도는 알아야 합니다. 그래야 생산계획을 수립하고 소재 관리를 하고 물건을 팔 수 있습니다. 나이키에 OEM 방식으로 섬유제품을 수출하는 회사에 취업하고 싶다면 패션이나 신소재 관련 수업을 들어보는 것이 좋습니다."

이런 관점에서 기업에 취업을 원하는 대학생에게 복수 전공을 추천한다. "대학에서의 전공 1개 추가가 100가지의 진로방향을 더 생각할 수 있게 한다"는 졸업생 선배의 말이 와 닿는다. "사회에서는 대학과는 달리 직업과 직무의 다양성이 엄청나게 크다. 대학 입시에서 성적에 의해 전공학과를 선택하기 때문에 복수 전공이 취업에 직접적으로 도움이 안 되는 경우가 많지만 실무를 하거나 업무 선택에 있어서 복수 전공은 의외로 큰 도움을 준다." 기업과 꼭 연관 짓지 않더라도, 성적이 부족했거나 혹은 다른 이유로 인해 대학에서 전공할 수 없었던 분야를 복수 전공이나 부전공을 통해서 지식을 습득하는 것은 의미 있는 일이다.

요즘에는 지식 심화적 융합이라는 관점에서 다른 분야의 공부에 대한 정의 자체가 변하고 있다. 공대생이 인문학을 공부하거나 문과생이 경영학이나 공대 기본과목을 배우는 '넓은 T자형(이질적인 학문 분야에 대한 섭취)'보다는 전공분야의 지식을 보다 체계적으로 공부하는 '작은 T자형(근접 학문 분야에 대한 섭취)'이 취업에서 더 유리해진다는 소식도 들린다. 전자공학 전공자는 필요한 물리학 과목을 더 공부하고 기계공학 전공자는 전자공학의 기본을 배우는 것이다. 광고학이나 소비자행동론을 공부하는 경영학도가 심리학을 부전공으로 공부하는 것도 같은 맥락의 융합이다.[6]

04 진정한 협력, 팀 프로젝트 vs 스터디 그룹

혼자가 좋은 공부

우리나라 젊은이들의 대다수는 대학수학능력시험이라는 대학 입시 제도를 통해 대학에 진학한다. 대학수능시험에서 높은 점수를 따기 위해 학생은 국어의 경우 문학, 비非문학 지문에서의 논점을 파악하고, 수학의 경우 문제 해결 과정을 숙지하고, 영어의 경우 어휘 암기를 위해 많은 시간을 공부한다. 그런데 그 공부는 학교에서든, 학원에서든, 집에서든 나 홀로 하는 거다. 수능시험을 준비하는 과정에서 여러 사람이 모여서 토의를 하거나, 생각과 정보를 교환하고, 임무를 분담하고 취합하는 과정을 통해 사고를 확장하는 일은 생각할 수가 없다.

대학수능시험을 준비하면서 우리나라의 거의 모든 수험생은 유사한 문제의 해법을 숙지하는 과정을 반복한다. 주어진 문제의 해결에 필요한 개인 역량을 키우는 공부를 한다. 단순하고 지극히 기계적인 것으로 보이는 이러한 자기 주도의 공부 방식은 개인의 역량을 키우기 위해 필요한 요소이다. 수능시험이 끝나고 나면 출제위원장 혹은 교육 전문가가 TV에 나와 출제된 문제에 대한 설명을 하는 이유이다.

대학에 입학해 고등교육을 받기 시작하면서 대학생 새내기는 새로운 수업 방식에 적응하기 시작한다. 대학에서도 필답시험이 어느 과목에나 포함되지만 대입수능시험 문제와는 확연하게 다른 경우가 많다. 주관식 문제가 그 예이다. 선택적으로 수업을 신청하고 시험과 발표, 팀 프로젝트 등이 혼합된 평가 방식에 따라 자기만의 고득점 전략을 수립하고 공부를 하면서 각각의 학기를 마치는 교육 방식이다. 대입수능시험에서 고득점을 얻기 위한 비선택적非選擇的, 정답 위주의 반복적 공부 방식과는 전혀 양상이 다르다.

그런데 새로운 공부 방식을 습득해 나가는 과정에서 대학생 새내기가 잃어버리는 능력 중에 하나가 '스스로 시간을 투자하여 혼자서 공부하는 능력'이다. 대학생이 되면서부터 툭하면 스터디 서클에 가입한다. 학기 초가 되면 대학 곳곳에 'GRE 스터디 회원 모집'처럼 신입 회원을 모집하기 위한 작은 광고들이 게시판을 도배하다시피 한다.

중·고등학교 시절 줄곧 키워 온 혼자서 하는 학습 능력을 버리고, 정작 토익과 같이 혼자서 해야 하는 공부를 대학에 들어 와서는 여럿이 모여서 하기 시작한다. 자신을 위해 단어 하나라도 더 외워야 하는 시간에 타인을 위해 단어 시험지를 만들고 토익 모의 문제를 준비하면서 마치 토익 공부를 하고 있는 것으로 착각한다. 사방에 토익 문제집이 값싸게 널려 있다는 사실을 잠시 잊는다.

토익이나 GRE 시험공부를 하면서도 다양한 의견의 제시와 가치적 판단이 필요하다고 생각하기 때문일까? 공부하는 모임에 끼지 못하면 무엇인가 큰 것을 놓치고 낙오한다는 마음을 가지기 때문일까? 남과 같이해야 하는 공부에 대한 이해가 부족해서 나타나는 현상이다.

혼자서 충분한 시간을 투자해야 성과를 볼 수 있는 공부가 있다. 그런 공부를 한다면서 그룹을 만들어 공부하고 그 과정에서 많은 시간을 허비하는 것은 큰 모순이다. 토익 점수는 4학년 1, 2학기 취업을 목전에 둔 상태에서 공부할 때 급격하게 오른다. 시간에 쫓기면서 간절함을 가지고 혼자서 토익용 단어를 외우고 기계적으로 문제를 푸는 반복적인 공부를 하기 때문이다.

자신의 곳간에 차곡차곡 쌀을 채워 넣어야 할 시간에 타인의 밭에 사용할 비료를 알아보러 시간을 낭비하는 것과 같은 아이러니가 발생한다면 그건 참으로 큰 손실이다. 개인 스스로 채워야 하는 지식의 곳간을 결코 타인이 채워줄 수는 없다. 아무리 우수한 선생님에게 배운다 하더라도 스스로 시간을 들여 반복적으로 공부하지 않는 이상 자신의 지식이 될 수 없는 것과 같은 이치다.

협력을 배워라

대학 공부가 고등학교 공부와 확연하게 구분되는 것 중의 하나가 '팀플'이라고 하는 팀 프로젝트다. 물론 일부 고등학교에서도 팀 프로젝트를 하고 있지만 선택적이라는 측면에서 그 성격이 다르다.

팀 프로젝트는 팀원 모두가 주어진 목표를 달성하기 위해 서로의 의견을 교환하고 업무를 분담하여 수행하고 다시 정리하는 통합 과정을 통해 함께 노력하면서 배워가는 공부 방식이다. 팀 프로젝트에서는 공동의 목표를 수행하는 과정에서 팀원 한두 사람의 개인 역량이 부족해도 함께 고민하고 같이 노력한다면 부족한 역량을 보완할 수 있다. '1+1'이 '2'보다 크게 되는 이치를 배우는 것이다.

팀 프로젝트를 하면서 적어도 자기 몫은 한다는 책임감을 가져야 한다. 팀 프로젝트에서 방관자나 무임 승차자로 행동하지 않고 주도적인 자세에서 주어진 과제를 수행한다면 많은 것을 얻을 수 있다. 나중에 취업을 하는 데에도 많은 도움을 준다. 발표를 자주하다 보면 기업의 취업에서 서류 합격 후 시행되는 '상황 면접'도 무난히 통과할 수 있는 능력이 만들어진다. 팀플을 하는 과정에서 남들과 함께 협력해서 무엇인가를 성취하는 것을 배우면서, 나와는 다른 생각을 가진 학생들과의 협의·조정하는 법을 배운다. 나보다 더 좋은 아이디어를 배울 수도 있다.

그런데 대학에서 이루어지는 팀 프로젝트의 실상을 들여다보면, 하는 사람만 하고 하지 않는 사람은 무임승차를 하는 현상이 흔하게 목격된다. '가장 싫어하는 것은 남이 무임승차하는 것이고, 가장 좋아하는 것은 내가 무임승차하는 것'이라는 대학가의 이야기가 있다. 요즘에는 팀 프로젝트에 무임승차하는 학생을 일컬어 '암 유발자'라고 한다는 말이 인터넷상에 돌아다닌다.

특정한 팀원에게 일이 집중되는 경우도 빈번하다. 나머지 팀원들은 인터넷에서 단편적인 자료를 찾아 제공하는 비효과적인 일만 수행하면서 들러리가 된다. "팀 프로젝트를 여러 번 해보았지만 발표는 한 번도 하지 않았다"고 말하는 학생도 있다. 실제로 발표를 담당하는 팀원이 안 왔다고 발표를 포기하는 경우도 발생한다. 결국 팀원 전체의 성장이 아닌 프로젝트를 주도한 소수 학생의 개인 역량만 향상되는 결과가 나타난다. 이렇듯 팀 프로젝트의 의미가 무색하게 이기적인 기준으로 프로젝트가 진행될 경우, 교수 입장에서도 팀 프로젝트를 부과한 목적을 이루지 못하고 학생 입장에서도 별로 도움이 되지 않는 수업 내용이 되고 만다. 대학 공부와 고등학교 공부의 차이가 없게 되는 대목이다.

팀 프로젝트의 기여도가 낮은 학생을 만나 왜 적극적으로 참여하지 않았느냐고 물으면 여러 가지 이유를 댄다. 늘 남의 탓이다. 본인은 '실제로 사회에 나가게 되면 내가 잘할 것'이라고 생각한다. 과연 그럴까? 자기만의 착각이 아닐까?

언젠가 소프트웨어 프로그래머와 같이 일한 적이 있다. 적극성이 떨어지는 것을 한번에 느낄 수 있었다. 그 회사 대표에게 이유를 물어보았다. "그 친구 지난 5년 동안 직장 생활을 하면서 늘 보조만 했대요. 그래서인지 실력은 있는 것 같은데 혼자 무엇인가 할 줄을 전혀 모르더라고요. 시키는 일만 해요. 그래서인지 고객으로부터 불평이 심심치 않게 들어 와요." 얼마 후 그 프로그래머는 직장을 그만두었다는 소식이 들려 왔다.

팀 프로젝트는 피자 만들기와 흡사하다. 피자에 여러 가지 토핑을 얹듯이 프로젝트와 관련된 다양한 소재를 찾아 습득해야 한다. 피자의 토핑이 조화를 이루듯 팀원 서로 간의 창의성이 어우러져야 한다. 피자의 도우dough를 만들고 키우는 것처럼 서로의 생각과 의견을 공유하며 공동의 사고를 확장해야 한다. 크게 만들어진 피자를 같은 모양으로 나누듯이 팀 프로젝트를 수행하는 과정에서 습득한 배움을 나눠 가지면서 개인 역량을 향상시켜야 한다. 모두가 함께 참여하고 팀워크를 통한 협업의 가치를 경험하는 현장이 되어야 한다.

그런데 실상은? 팀 프로젝트라는 큰 피자를 만들어 나눠 먹지 못하고 여러 명이 작은 소시지 빵 한 개를 만들어 한 명이 독식하는 상황이 흔하게 발생한다. 안타까운 일이다. 어느 공대 졸업생은, "전공 분야를 본격적으로 공부하기 전에 경영학과와 같은 다른 대학의 조별 수업에 안 들어가 본 것이 후회된다. 사람을 넓게 사귈 수 있는 기회를 놓쳤다"고 속내를 털어 놓는다.

"회사 생활을 하면서 가장 힘든 점이 '남이 나를 위해서 일하게 만드는 것'이라는 걸 깨닫게 됩니다. 무언가를 부탁해야만 할 때 제 개인의 영달이 아닌 회사의 이익에 도움이 되는 일이 분명함에도 불구하고 '자신의 부서의 일이 아니다'라는 말을 듣기 십상입니다. 그 사람을 탓할 수만은 없지만 참 안타까울 때가 많습니다. 상대방을 이해시키고, 적을 만들지 않고, 나를 위해 움직이게 하는 일은 회사 생활에서 무척 중요합니다. 이런 행태는 대학 시절의 팀 프로젝트를 통해서 확실히 배울 수 있습니다. 후배들이 학점에 연연해서 한 사람이 다 도맡거나 실패하지 않는 주제를 고르지 않았으면 좋겠습니다. 의견 충돌과 합의를 통해서 무언가를 해보고 배워 나가는 과정을 경험하는 것이 중요합니다."

혼자서 해야 하는 공부를 여러 사람이 모여서 하고 여러 사람이 모여서 함께해야 하는 공부를 혼자서 하는 병을 고쳐야 대학생 개인의 발전도 도모할 수 있을 뿐 아니라 대학의 발전도 가능해진다.

05 커뮤니케이션 훈련

소통 방식

이성異性과의 커뮤니케이션이 중요해지는 시점이다. 대학에 들어오면 젊은이는 대학생다운 소통방식을 배워야 한다. 하나는 이성과의 매끄러운 대화법이요, 다른 하나는 효과적인 대화법이다.

이제는 대학이나 직장에서 남·여가 어울려 공부하고 일한다. 대학에서는 이미 여학생이 남학생을 뛰어넘기 시작한 지 오래다. 여성의 사회 참여가 시작된 이후 여성의 사회 진출도 확대되면서 요즘 직장에는 과거와 달리 여성이 직원의 30%를 넘는 경우도 많다. 여성 위주의 직원 채용이 이루어지지 않음에도 불구하고 어떤 직장의 경우는 여성이 전체 직원의 50%를 훌쩍 넘기도 한다.

남학생과 여학생이 같이 공부하는 고등학교가 많이 늘었다. 고교 시절 3년을 남학생과 여학생이 어울려 공부하다 보니 남·여 대학생 젊은이 간의 소통은 과거에 비해 상당히 매끄러워졌다. 그러나 아직도 많은 젊은이가 대학에 들어와서야 이성과 클래스메이트로서 같이 공부를 시작한다. '대학에 들어와 이성인 학생들과 수업시간에 팀 과제를 진행하면서 프로젝트에 대한 이야기를 한 것이 전부'인 젊은이가 아직도 많다. 남·여 공학의 고등학교를 다닌 경우가 아니라면 대학 생활에서 이성 친구와의 친구로서 혹은 미래 동료로서 사귐이 절대적으로 필요하다.

이성과의 적극적인 커뮤니케이션을 통해 무엇을 알아야 할까? 남·여간 대화 주제의 차이, 남·여간 대화법(방식)의 차이, 남·여간 대화의 목적이나 이유의 차이, 남·여간 사용 언어의 차이, 남·여간 질문에 대한 수용태도의 차이 등이 그 내용이 되지 않을까 싶다. 이미 기업 활동에서는 다양한 소비자의 욕구를 충족하기 위해 남(여)성의 눈으로 볼 수 없는 것을 여(남)성이 볼 수 있는 경우도 많다는 점을 인식한 지 오래다.

대학 생활과 직장 생활에서의 커뮤니케이션 방식은 많이 다르다. 대화 내용도 다르지만 그 방식도 물론 다르다. 대학생 시절에 흔히 나타나는 소통 방식을 몇 가지 살펴보자.

첫 번째. 교수가 하는 것을 배워서인지는 몰라도 대학에 들어와서부터 영어와 어려운 단어를 구사하는 것이 자신을 돋보이게 하는 것이라고 착각한다. 친구나 선배와 대화하면서 어려운 전공 단어를 섞어서 이야기를 하려고 애쓰는 경향이 있다. 짧은 시간 내에 효율적인 의사소통을 강조하는 직장에서는 쉽고 간략한 용어를 사용하여 자신의 의도하는 바를 잘 전달하는 것이 자신을 보다 돋보이게 한다.

두 번째. 대학생이 되고부터 친구나 선배와 대화하면서 항상 주도권을 잡으려고 애를 쓴다. 이야기의 소재도 남을 의식하지 않고 자신이·가장 잘 아는 분야를 선택하여 이야기하면서 주도권을 잡았다고 생각한다. 잘못된 일이다. 직장 생활에서의 대화는 주도권을 잡는 것이 아니라 서로의 문답이 이어지는 것이 중요하다. 직장 생활에서 이야기의 소재는 업무와 연결되어 있기에 잘 모르는 분야 또는 부분에 대한 질문이 주를 이룬다. 자신이 잘 아는 분야를 이야기하는 것보다 자신이 잘 모르는 분야의 설명을 듣고 무엇을 모르는지 정확히 질문하는 방식의 대화가 더욱 중요하다.

세 번째. 대학 시절에는 친구와 대화 도중 뜻을 잘 모르는 단어가 나오더라도 대화의 뉘앙스를 통해 그 뜻을 짐작하여 대화를 한다. 왠지 그 단어를 모르면 대화 그룹에서 기가 죽거나 도태된다는 생각이 머리를 지배하기 때문이다. 친구와 유명 연예인에 대한 수다를 떠는 경우에 해당 연예인이 누군지 정확히 몰라도 대충은 알고 있는 것 같은 뉘앙스로 이야기를 계속한다. 질문보다는 짐작을 한다. 그러나 직장 생활에서 상대방과 대화 도중 모르는 용어나 내용은 반드시 질문하거나 찾아보아야 한다. 그 용어와 내용이 전체 대화의 핵심이 될지도 모르기 때문이다.

침묵은 금이 아니다

얼마 전 EBS가 '우리는 왜 대학에 가는가?'라는 특집 방송을 내보낸 적이 있다. 그 일부로 EBS가 상당히 쇼킹한 장면을 내보냈다. 과거 2010년 11월 우리나라에서 G20 정상회의가 개최되었을 때의 일이다.

정상회의가 끝난 뒤 가졌던 오바마 미국 대통령의 기자회견장. 오바마 대통령은 마지막 질문권을 개최국인 한국의 기자에게 특별히 주겠다고 말한다. 오바마 대통령이 여러 번 질문하라고 말하지만 그 어떤 한국 기자도 나서서 질문을 하지 않는 어색한 상황이 벌어진다. 오바마 대통령은 통역도 준비되어 있다고 다시 말해 준다. 상당한 시간의 침묵이 또 흐른다. 이윽고 한 중국 기자가 나서서 "아시아의 대표로 제가 질문하겠습니다"라고 말하면서 나선다. 오바마 대통령은 한국 기자에게 기회를 주었고 이에 직접적 거부 의사를 밝힌 것도 없었기 때문인지 다시 한 번 한국 기자들에게 질문할 것이 없느냐 물어본다. 중국 기자는 "한국 기자들에게 제가 질문해도 되는지 물어보면 어떨까요?"라고 다시 오바마 대통령에게 묻는다. 한국 기자들은 여전히 침묵을 지킨다.

이러한 장면을 다시 본 우리 기자들의 답변이 재미있다. "우리는 질문하고 답하는 데 익숙하지 않은 교육환경에서 자라왔습니다" "'질문을 하면 저런 것도 몰라서 물어봐!'라는 비난을 받지 않을까? 하는 걱정으로 질문하기를 주저하기도 합니다" "항상 짜여진 틀 속에서 시키는 것만 하는 수동적 교육방식에 길들여져 있기 때문에 전혀 예상치 못한 질문이 들어왔을 때 당황하기도 합니다."

여전히 남 탓으로 돌린다. 오바마 대통령은 예상치 못한 질문을 한 것이 아니라 질문권을 준 것이다, 질문하라는 귀한 기회를. 우리네 기자들은 그것조차 헷갈리고 있다. 문제는 한국 기자들 본인이 질문을 할 수준이 안 되거나 질문할 준비를 안 했기 때문일 것이다. 정치부 기자라면 기자생활에서 정말로 귀하게 가질 수 있는 기회를 놓치다니… 아쉽다. 정말 아쉽다. 그리고 정말 부끄럽다. 아니 그곳에 참석했던 한국 기자들뿐만 아니라 모든 한국의 언론 종사자들이 부끄러워해야 할 일이다. 미국 특파원 생활을 한 한국 기자들도 있었을 텐데. 영어가 서툴다면 우리말로 물어도 된다고 했는데….

만약 그 장소가 기자 회견장이 아니라 해외 기관으로부터 사업 수주를 해야 하는 상황이 벌어지고 있는 곳이라면 어땠을까? 중국 기업에서 사업을 가져갔을 것이다. 최선을 다했다면 몰라도 회견장에서의 한국 기자들처럼 행동했다면 그 친구는 현장에서 파면감이다. 많이 알면 뭘 하나? 표현을 못하는데. 많이 알면 뭘 하나? 하려고 들지 않고 아는 것도 활용할 줄을 모르는데.

우리나라 대학생이 가지는 나쁜 특징 중의 하나가 질문을 안 하는 것이다. 질문이 수업에 방해가 된다고 생각하기 때문인가? 질문하는 것이 황당하거나 어색해서인가? 어떤 선생님은 수업 중 2번 이상 물어보는 아이를 '이상한 놈'이라고 생각한다는 소리도 들린다. 초등학교 시절에는 서로가 질문하려고 했는데, 중학교에 들어서면서부터 선생님의 "교실에서는 조용히 하라"는 계속된 말씀에 아이들이 익숙해져 있기 때문이라는 원인 분석도 있다.

고등학교 때까지는 지식을 습득하는 것이 중요하고 정답을 맞히는 일이 공부를 하는 것이기 때문에 교실에서 질문도 없고 따라서 대답도 없다고 치자. 그런데 대학에 들어와서도 생각의 폭을 넓혀갈 수 있는 귀한 기회를 날릴 것인가?

교육 방식이 전혀 달라지는 대학에 들어와서조차 질문하기는커녕 교수가 질문을 하는데도 불구하고 대답을 안 하고 슬쩍 지나가려고 한다. 대답이라고 하는데 '잘 모르겠는데요'가 전부인 경우도 흔하다. 교수가 넘어가 주면 그게 끝인 줄 안다. 질문을 못하고 답변을 못해도 도통 부끄러운 줄을 모른다. 무엇을 질문해야 하는지조차 모르는 경우도 많을 것이다. 어려운 상황을 넘기려고만 애쓰는 모습이다. 그런 버릇이 심하게 든 상태에서 사회에 나가면 궁극적으로 낙오된다는 것을 모른다. 상사가 물어보는데 대답을 안 하고 답변을 제대로 못한다면 버릇없다고 찍히고 무능하다고 다른 부서로 좌천당하기 십상이다.

"대학 수업 중에 교수님이 영어로 된 표현을 사용하여 수업 내용을 설명하실 때 모르는 것이 있어도 질문하는 것이 창피하여 지나친 적이 여러 번 있습니다. '혹시 나만 이해 못한 것은 아닐까?'라는 생각에 질문하는 것이 창피했습니다. 주위의 친구들 표정을 보면 고개를 끄덕이면서 이해한 듯싶은 표정을 짓고 있습니다. 하지만 착각이었습니다. 수업이 끝나고 같이 수업을 들은 친구에게 내용을 물어보니 정확하게 내용을 설명하는 친구가 없었습니다. 대부분의 학생이 '대충 이러한 의미가 아닐까?'라는 답변을 하였습니다. 질문에 부끄러워하지 말아야 합니다. 자신이 수업 중에 정확하게 이해하지 못하는 내용이 있다면 그 내용을 이해하지 못한 또 다른 학생이 반드시 존재합니다. 질문은 귀찮은 일도 부끄러운 일도 아닙니다. 질문은 당연히 해야 할 일입니다. 질문을 한다고 커뮤니케이션에서 도태되는 일은 없습니다. 오히려 좋은 커뮤니케이션을 위해 질문은 필수적인 것이라 생각합니다." 어느 졸업생이 보내 온 이야기다.

질문하지 않는 현상이 왜 학문을 한다는 대학에서까지 나타나고 있는 걸까? 우리 학생은 질문도 답이라고 생각하기 때문이라는 설도 있다. 아니면 학생은 정답(성적)을 생각하고 교수는 해법(과정)을 기대하는 미스매치 때문일 수도 있다. 대부분의 경우 학생이 물어볼 준비를 안 했기 때문이다. 수업 내용에 대한 예습을 안 했다는 이야기다. 예습을 했다면 궁금한 사항이 적어도 1개는 있어야 한다. 요즘에도 대학에서 교수 혼자 떠들면서 학생에게 지식만을 전하려고 하는 교수가 있다면 그분은 대학 교수로서의 자격 미달이다.

교수 혼자 떠들고 인터넷에서도 찾을 수 있는 지식을 전해주는 현상에 대해 EBS는 「왜 우리는 대학에 가는가」라는 6부작 특집방송을 끝내면서 "학생이 방치되고 있다. 학생과의 소통이 부재한 대학은 죽은 대학이다(교수가 혼자 강의하고 학생은 교재나 외우고 풀고 하는 대학이라면 소통이 없는 곳이다)"라고 결론짓는다. 맞는 말이다. 대학생이 되어서까지 수업 중에 교수가 질문하는데 대답을 안 하거나 못하고 슬쩍 넘어가려 한다면 그 대학생은 남과의 의사소통 능력이라는 근력을 키울 수 있는 기회를 활용하지 못하는 것이 된다. 대학생으로서 자격 미달이다. 뿐만 아니라 기업에서도 이런 종류의 대학생은 필요로 하지 않는다. 주어진 기회를 십분 활용할 줄 모르기 때문이다.

학습효과 측면에서도 학습 방식에 따라 효과가 크게 차이가 난다는 보고가 있다. 미국 National Training Laboratories가 제시하고 있는 학습 피라미드 learning pyramid에 의하면, 강의 듣기는 학습 효과가 5%인 반면 집단 토의를 하게 되면 그 효과가 50%로 증가하고 이스라엘식의 수업 방식처럼 서로 설명하기를 하게 되면 90%의 효과가 난다고 한다.

교수에게 던지는 질문은 사회에 나가 어른들과의 소통을 늘릴 수 있는 최고의 학습 기회다. 자기 생각을 정리해줄 뿐만 아니라 실력도 키워준다. 대학에서의 질문과 답변을 통한 지식의 함양과 의사소통 능력 향상은 그 과정에서 비용도 들지 않는다. 혹시 실수를 해도 전혀 페널티가 없다는 점에서 사회에서의 그것과 크게 대조가 된다. 너무 나서지만 않는다면 정말로 지적 역량을 높일 수 있는 좋은 기회이니 많이 활용하도록 하라. 다만 좋은 질문을 위해서는 본인도 미리 공부하고 생각하는 습관을 가져야 한다.

06 자기미래계획을 가져라

자신의 현재 위치와 미래 목표 그리고 그 사이의 성취 과정을 형상화하는 것이 바로 자기미래계획이다. 대학은 입학 그 자체만으로 의미를 가지는 곳이 아니다. 자신의 진로를 정하고 4년의 기간 동안 그 목표를 향해 나아가기 위한 학업적·전문적·직업적 능숙함을 키우는 곳이다. 자신의 장·단점을 평가하며 진로 목표를 달성하는 데 필요한 기술적·직업적 능력과 최적의 활용 기회를 파악하여 부족한 능력을 갖추는 노력을 해야 한다. 이러한 일련의 과정을 효과적으로 수행하기 위한 전략을 짜고 로드맵을 작성하는 것이 필요하다.

자기미래계획서의 작성과정에서 제기되는 근본적인 질문은 2가지로 요약된다. 첫째, 자신이 희망하는 진로 혹은 직업에 필요한 능력이나 자질을 확실하게 파악하고 있는가? 둘째, 자신이 희망하는 진로 혹은 직업에 필요한 능력이나 자질을 대학 생활 중에 확실하게 취득하고 있는가? 이 2가지 질문은 학구적이거나 직업적인 준비를 넘어 전문적인 준비professional preparedness를 포함하고 있다는 점에서 상당히 포괄적인 성격을 갖는다. 대학 생활 중에 어떤 수업을 듣고 과목을 이수했는가도 물론 중요하지만 어떤 특정한 진로 혹은 직업에 국한되지 않고 다양한 전문 영역에서 필요하거나 활용이 가능한 능력을 배양하는 것 또한 중요하다. 예를 들어 의사소통, 문서 작성, 팀워크, 리더십, 갈등 해결, 목표 설정, 우선순위 결정, 시간관리 등과 같은 전용성轉用性 능력transferable skills을 포함하고 있다.

자기미래계획을 작성하는 과정에서 대학생 젊은이는 많은 것을 얻을 수 있다. 자신의 가치를 느끼고 만족스러운 삶에 대한 성찰의 가능성을 높이는 가운데, 미래에 대한 방향 감각을 가지고 스스로 동기를 부여하게 되며 주요한 문제에 대해 집중하고 적극적인 태도를 가지며 타인과의 관계를 긍정적인 방향으로 정립하는 계기를 마련해 준다. 자기미래계획은 진로, 직업, 직장 선택에도 큰 도움을 준다. 자신의 진로 목표를 정하는 진로 계획은 자기반성과 진로 탐색을 통해 직업 만족을 극대화하는 진로를 파악할 수 있게 해주고, 동시에 진로 목표 달성에 필요한 지식이나 능력 그리고 능숙함을 확인할 수 있게 하기 때문이다.

지금은 사소해 보이는 미래 목표 설정이 훗날에 엄청난 차이를 가져온다. 하버드대학교의 에드워드 밴필드Edward Banfield 교수가 예일대학교 졸업생들을 대상으로 20년간 추적 조사해 1975년에 발표한 결과다. 목표를 가지고 있고 목표 달성을 위해 구체적인 계획을 가졌던 소수의 젊은이들은 사회 진출에도 성공하였을 뿐만 아니라 엄청난 부를 쌓았단다. 그래서인지 미국이나 영국에서는 individual development plan(IDP)이나 personal development plan(PDP)이라고 불리는 '개인발전계획'이라는 것이 있다. 대학에 입학해서도 작성을 시작하고, 대학원 석사 혹은 박사과정에 입학해서도 작성한다. 하버드와 예일 대학에서도, 캘리포니아주립대학에서도, 몽클레어 대학에서도, 런던 비즈니스 스쿨에서도 작성한다. 새롭게 대학과 대학원에 입학한 새내기가 꿈을 가지고 수학과정에서의 다양한 노력을 통해 그 꿈을 실현해 나갈 수 있게 하기 위함이다.

대학생 젊은이가 보다 나은 진로 설정과 성공적인 취업을 위한다면 자기미래계획서 작성을 강력하게 권하고 싶다. 매 학년 초마다 대학 새내기들에게 자기미래계획서를 작성해 보라고 주문해 본다. 그런데 학생들은 그리 열의도 없거니와 어떻게 작성하는지 자체를 모른다. 왜 그럴까? 첫째는 누구도 해 보지 않았으니 물어볼 사람이 없다는 것, 둘째는 시간이 많이 걸리고 많은 노력이 필요한 일이니 그리 선뜻 마음이 내키지 않기 때문이다. 마지막으로는 대학에 들어온 것 자체가 즐겁기만 하기 때문이다. 4년 후 혹은 6년 후의 내 미래에 어떤 비바람이 내려치더라도 지금 당장은 대학 입학의 기쁨에 취하고 싶고 다른 복잡한 것은 그리 생각하고 싶지 않기 때문일 것이다.

그러면 누구에게 자기미래계획이 필요한가? 어떤 젊은이들이 자기미래계획을 가져야 하는가? 정답은 모든 젊은이요, 대학생이다. 그중에서도 특히 필요한 사람이 있다. 페이지 115의 표는 자기미래계획이 필요한지 여부를 알아보도록 작성한 것이다. 표에 있는 20개 질문에 대해 답해보자.

20개 질문에 대한 총 점수가 30 이하라면 스스로 계획을 짜고 노력을 하고 있는 것으로 보아 자기미래계획을 지금 작성할 필요는 없어 보인다. 그런데 총 점수가 60을 넘는다면 앞으로 진로 혹은 직업 선정에서 문제가 있는 것으로 보아 자기미래계획 작성이 꼭 필요하다. 총 점수가 30~60인 경우에도 좀 더 나은 대학 생활을 위해 자기미래계획 작성을 권한다. 자기미래계획의 단계별 작성 과정은 부록에 수록하였다. 처음에는 어렵다고 느끼겠지만 곧 익숙해질 것이다. 즉시 실행을 권한다.

자기미래계획을 작성하는 데 몇 가지 유의할 점들이 있다. '개인발전계획'을 작성하는 데 있어 일반적으로 제시되고 있는 유의사항으로 'SMART'이라는 규칙이 있다. 구체적이며specific, 측정 가능해야 하며measurable, 달성 가능해야 하며achievable, 현실적이어야 하며relevant, 마지막으로 시간이 정해져 있어야time-bound 한다는 뜻이다.

그러나 더 중요한 것은 자기미래계획을 작성하는 과정에서 자기 자신의 현재 상황에 대해 정직해야 한다는 점이다. 자신의 재능과 소질을 파악하는 과정에서 조금도 가감하지 않으며 인정하고 싶지 않은 것까지도 인정하는 용기가 필요하다는 뜻이다.

자기미래계획은 혼자서 작성하는 것이 아니라 남의 도움을 받아 하는 것이라는 것을 명심할 필요가 있다. 현재의 자신, 자신이 희망하는 미래, 그리고 그 틈을 채워가는 여러 가지 활동들에 대하여 나를 뛰어넘는 성찰과 객관적인 평가와 조언이 필요하기 때문이다.

❋ 자기미래계획 작성 필요성 체크

〈아주 그렇다=1, 그렇다=2, 보통이다=3, 아니다=4, 전혀 아니다=5〉

질 문	1	2	3	4	5
1. 해야 할 일의 우선순위를 스스로 설정하고 시간관리를 잘하고 있으며 과제의 제출 날짜를 잘 지킨다					
2. 과제를 수행하면서 명확한 계획을 가지고 추진한다					
3. 남에게 질문을 하는 것이 어렵거나 두렵지 않다					
4. 학업이나 일을 위해 무엇을 조사하고 문헌을 찾아보는 데 문제가 없다					
5. 다른 사람들과 잘 어울려 어렵지 않게 팀플을 수행한다					
6. 팀플을 하면서 나에게 적합한 역할을 잘 파악한다					
7. 내 자신의 잠재적 개발 가능성을 잘 알고 있다					
8. 공부와 여가 그리고 기타 활동을 균형있게 유지하면서 생활하고 있다					
9. 확실한 학업 목표를 세우고 이에 따라 꾸준히 공부하고 있다					
10. 5년 후의 내 목표를 가지고 있다					
11. 지금 하고 있는 대학 공부가 내 인생 계획과 잘 매치되고 있다					
12. 필요할 때 남에게 도움을 청하고 내 자신이 한 일에 대해 남으로부터 피드백을 받는 데 어려움이 없다					
13. 취업을 원하는 기업이나 기관에서 어떤 종류의 능력을 요구하고 있는지 잘 알고 있다					
14. 기업이나 기관에서 요구하고 있는 능력을 잘 겸비하고 있다					
15. 스스로 배우려고 애쓰며 그 성과를 높이기 위해 노력한다					
16. 내게 중요한 것을 스스로 정하고 그 믿음에 따라 행동한다					
17. 감정에 따른 나의 생각과 행동의 결과를 늘 고려한다					
18. 다른 사람들의 감정을 이해하여 상황에 맞게 대처한다					
19. 남과의 관계에서 냉정함을 잃지 않고 갈등관계를 만들지 않는다					
20. 남이 나를 평가하는 것처럼 나 자신을 평가하고 있다					
총 계					

PART 03

진로 이야기

사회가 빠르게 변하면서 진로의 다양성이 커진다. 경쟁의 범위도 달라진다. 유한 경쟁에서 무한 경쟁으로 바뀌고 경쟁 대상이 넓어진다. 대학생 젊은이가 진지하게 미래를 설계하는 자세를 가져야 하는 이유이다.

01 당신의 경쟁자는 누구인가?

경쟁자의 범위가 바뀐다

이제는 우리 사회에서 대학을 나오지 않은 사람을 찾기가 어렵다. 해외 대학 졸업생도 많아졌고 심지어 세계적으로 알려진 아이비리그 대학을 나온 젊은이도 주위에서 어렵지 않게 찾을 수 있다.

우리나라의 대학 입시가 치열하다고 하지만 젊은이의 사회인, 직업인으로서의 미래를 향한 본격적인 경쟁은 대학에 들어간 이후부터 시작된다. 그래서 대학은 젊은이에게 새로운 기회의 장이기도 하다. 1970년대나 80년대에나 통했을 법한 대학 문화—수업 안 듣고 땡땡이 쳐도 졸업만 하면 직장을 얻을 수 있어 대학생들이 낭만을 누릴 수 있었다는—가 지금도 통한다고 생각한다면 시대의 변화를 잘 읽지 못하고 있는 거다.

어릴 적, 적어도 중학교 시절까지의 나의 경쟁자는 나와 책상을 맞대고 있는 같은 반 친구들이다. 조금 더 확대한다면 같은 학년의 동급생들이 나의 경쟁자다. 조금 더 나은 성적을 올리기 위한 경쟁이다.

고등학교에 진학하면서부터는 경쟁자의 대상이 조금 넓어진다. 전국적으로 치러지는 대학 입시를 염두에 두어야 하기 때문이다. 전국을 단위로 하여 치러지는 대학수능시험이 바로 그 예다. 조금만 알려진 대학에서 무슨 경시대회가 있다 하면 전국에서 올라온 버스들로 대학 교정이 꽉 찬다. 수상자는 입시에서 추가 점수를 받을 수 있어서란다. 고등학교 시절에는 자신이 공부하고 싶은 분야의 좋은 대학에 합격하는 것이 지상 목표다. 그러나 수능 점수에 따라 대학 및 전공학과의 선택이 이루어지기 때문에 경쟁의 범위는 상당히 한정된다.

대학에 들어오면서 경쟁의 범위가 확 달라진다. 유한 경쟁에서 무한 경쟁으로 갑자기 바뀌고 경쟁 대상이 대단히 넓어진다. 공공 부문에서는 특히 심하다. 행정직 공무원 임용시험의 경우에는 전공, 성적이 모두 불문이다. 사법시험도 그랬다. 거의 대부분의 공공기관들이 경제학, 경영학, 산업공학, 행정학, 정책학뿐만 아니라 이공계 전 분야의 졸업생을 채용 대상으로 하고 있다. 기업의 경우는 조금 다르다. 이공계의 특정 분야 전공자를 대상으로 채용 범위를 한정하는 일이 흔하다. 상경계도 비슷한 입장이다. 두 계열 모두 지원 대상이 정해져 있어 경쟁의 범위가 줄어드는 것 같지만 전국을 대상으로 채용이 일어난다는 점에서 경쟁의 범위는 여전히 넓다. 그러나 인문계의 경우는 공공부문과 마찬가지로 경쟁 대상이 매우 넓다.

대학에서의 경쟁은 선·후배 간의 경쟁으로 확대되어 나타난다. 교양 과목이나 전공기초 과목을 배우게 되는 1, 2학년에는 별로 그런 경우가 흔하지 않지만 전공 선택과목으로 가면서 나와 동급생이 아닌 선배와 같이 수업을 듣고 학점을 경쟁해야 하는 경우가 많아진다. 군대를 갔다 복학해서 늦게 수강하는 경우도 있고 다른 과목들을 먼저 듣다보니 이제야 기회가 돼서 수업을 듣는 경우도 있다. 저자가 가르치는 경영학원론에도 같은 현상이 나타난다. 1학년 학생뿐만 아니라, 복수전공, 부전공, 타 학과 과목 수강, 재수강 등 다양한 학생들이 섞인다. 1학년부터 4학년 학생까지 있다. 학번으로는 9년까지 차이가 나는 경우도 있다.

취업을 앞두면서 선배와 후배 간의 경쟁은 본격적으로 치열해진다. 소위 취업 재수생과 신규 졸업생 간의 직장 쟁탈전이 시작된다. 이 비율이 요즘은 1 대 1이다.

여기에 해외 유학파 친구들이 가세한다. 2008년 11만 명을 정점으로 감소 추세에 있지만 2014년에도 약 8만 4천 명이 미국으로 유학을 갔다. 요즘 미국이나 유럽의 취업 환경이 좋지 않아서인지 시민권이나 영주권을 갖지 않으면 현지에서의 취업이 어려워졌다. 최고 수준의 대학을 졸업한 경우에만 예외다. 많은 젊은이가 해외에서 어렵게 공부를 마치고 졸업을 했지만 대부분이 취업을 위해 다시 한국으로 돌아온다. 안타깝다.

마지막으로 세계화의 바람이 우리네 젊은이들의 국내 취업에도 영향을 미친다. 세계화가 본격적으로 시작된 1996년 이전에는 한국 내에서의 취업

시장은 우리 젊은이들끼리 경쟁하는 곳이었다. 지구촌의 세계화가 거의 마무리되면서 이제는 세계 곳곳의 젊은이들이 함께 경쟁하는 형상이 나타난다. 우리 젊은이의 경쟁자는 옆에서 같이 수업 듣는 또래의 같은 대학의 학생이 아니라 바로 인도의, 중국의, 일본의, 미국의 이름 모를 그러나 정말 치열하게 공부하고 있는 해외의 대학생들이다.

❋ 직장에서의 경쟁 상대

입사 초기에는 동기들과 서로의 경험을 나누며 신입사원 시절을 보내게 된 듯합니다. 여기서부터 착각이라는 것이 시작되었습니다. 대학 시절에는 장학금을 받기 위해 경쟁을 했다면 사회생활은 같은 직장 내에, 부서 내에, 아니 해당 팀 내에서 승진이라는 경쟁이 보이지 않게 존재합니다. 대학 시절 사이좋은 친구관계가 사회에서는 보이지 않는 경쟁관계로 바뀌게 되었습니다. 겉으로는 웃고 있지만 내 옆의 동기는 경쟁상대가 되었고 '내가 더 빨리 승진을 해야 하는데'라는 심리상태 속에 빠져 있게 됩니다.

직장 내에서 이루어지는 승진이라는 경쟁은 학벌, 경험, 스펙도 중요한 요소입니다. 하지만 그보다 더 중요한 것은 내가 하고 있는 일에 대한 지식, 적성과 더불어 열정 그리고 얼마나 더 진지하게 배워가고 그것을 얼마나 빨리 실천하는가입니다. 그저 회사에서 주는 만큼 일하면 된다는 착각 속에 빠져 있었을 때와는 완전 다른 부분입니다. 회사는 사람을 활용함에 있어 기다려 주지 않습니다. 해당 분야에서 얼마나 뛰어나고 회사의 이익 창출에 공헌을 하는지가 중요합니다. 또한 팀 내에서 막내이긴 하지만 그 안에서 협동심이나 작은 리더십을 발휘하지 않으면 조직 내에 정착할 수 없을 뿐만 아니라 더 큰 미래를 설계하기조차 힘듭니다.

회사가 잘되어야 내가 잘되는 것이고, 이보다 먼저 내가 잘해야 회사가 잘된다는 것을 깨닫게 되었습니다. 이 말이 아직은 대학생이나 사회초년생들에게는 와닿지 않는 말일 수 있지만 사실입니다.

무서운 중국의 대학생

외국 젊은이들 중에서도 왜 중국 젊은이가 무서운지를 설명해야겠다. 중국에는 1966년부터 1976년까지 10년간 문화대혁명을 겪으면서 사회적으로 남에 대한 무관심 현상이 극심하게 나타났다. 돈만이 자신과 가족을 지켜 줄 수 있다는 생각이 팽배해지고 부자가 되기 위한 노력을 부추기면서 돈을 벌기 위해서는 좋은 대학에 합격해서 출세해야 한다는 풍조가 사회를 지배하기 시작했다. 이 점은 IMF 외환위기 이후에 우리 사회에 나타나기 시작한 배금주의와 거의 비슷한 측면이 있다. 그런데 사회구조적으로 크게 우리와 다른 것이 있다. 바로 13억 이상의 인구를 가진 것에서 비롯되는 현상이다.

13억 명의 인구는 무질서를 가져오고 처절한 수준의 경쟁적 상태를 유발한다. 이긴 자와 패한 자가 존재하는 경쟁적 환경에서 나타나는 생존을 위한 교육 방식이 확산되었다. 우리네의 '싸우지 마라, 나누어 먹어라'가 아닌 '뺏어라, 뺏기면 굶는다, 자신을 챙기지 못하면 뒤떨어지고 굶게 된다'가 요즘의 중국 사회를 지배하고 있다. 배우고자 하는 측면에서, 그래서 출세하고 돈 벌어야겠다는 측면에서, 우리네 대학생 젊은이에 비해 살벌할 정도로 경쟁적이다.

그런 성향의 중국 젊은이들 중에서도 상위 5%라면 경쟁에서의 치열함은 극에 이를 것이다. 그런데 그 5%가 35만 명이다. 2014년 우리나라의 4년제 일반 대학의 졸업자 수는 30만 명이었다. 이제 우리 대학생 젊은이는 중국의 대학생과 세계시장을 상대로 힘겨운 싸움을 해야 한다. 그 싸움에서 패하면 직장을 못 얻거나 가진 직장을 잃게 된다.

상황은 이런데 우리네 대학생 젊은이는 아직도 한가로워 보인다. 4학년이 되어서야 취업이나 대학원 진학을 생각하기 시작하는 젊은이가 너무 많다. 너무도 안이하다. 대기업에 취업하겠다면서 뭔가 자신만이 갖고 있는 특별한 것을 만들기 위해 집중하는 게 아니라 도서관에 죽치고 몇 달 동안 토익 점수를 올리고 시사 상식 문제를 맞히는 공부를 한다. 세계시장에서 경쟁해야 하는 우리 기업이 이런 젊은이를 뽑아야 할까?

"교수님의 말씀 듣고 많은 생각을 하게 됩니다. 열심히 안 한 건 아니었지만 좀 더 미리 제 진로에 대해 스스로 깊은 고민을 해보지 않았던 점, 그것이 가지고 온 결과를 이제 와서 실감하게 됩니다. 멍청했습니다." 누구의 이야기일까? 공부도 열심히 했고 가정 형편이 어려워 이것저것 하면서도 공부에 최선을 다했던 졸업생이 최근에 찾아와 토로한 심정이다.

"경쟁에 뛰어들기 이전에 왜why, 어떻게how 경쟁에 뛰어들어야 하는지를 스스로 정립해야 합니다. 매일같이 바늘구멍 취업과 힘들어져 가는 경제에 대한 뉴스를 듣지 않으려야 듣지 않을 수 없는 요즘, 이 무한 경쟁시장을 모르는 대학생은 없으리라 생각합니다. 물론, 체감하는 정도는 각자 다르겠지요. 대학수능 성적이라는 주어진 목표만 바라보고 살다가 어느 날 갑자기 자기의 적성과 능력과 희망을 파악하고 자신의 미래를 결정하려니 너무나 감이 안 잡혀 멍한 상태로 대학 생활을 보내는 경험을 저도 하였고 많은 대학생들도 같으리라 생각합니다. 어떤 사람인지 무엇을 좋아하거나 잘할 수 있는지는 술을 같이 마시기보다는 공부를 같이해 보거나 함께 취미 활동을 하면서 알 수 있습니다. 머리가 아닌 발로 뛰면서 고민해야 나오는 답들이 있는데 멍한 상태로 술잔을 기울이며 입으로만 생각하고 노력하는 대학생이 많지 않나 하는 생각이 듭니다."

02 방향은 알고 달려라

진로와 전공의 쏠림 현상

진로를 정하는 것은 '나는 미래에 어떤 일을 할 것인가?' '나는 어떤 직업을 가져야 할 것인가'라는 질문으로부터 시작한다.(진로 설정과 직장 선택을 혼돈하지 말기 바란다. 진로 설정은 '인생을 살면서 자신이 몰입할 수 있으며 동시에 일용할 양식을 얻는' 정확한 일을 찾는 것이요, 직장 선택은 그 일을 잘하기 위한 장소를 찾는 것이다.)

젊은이들의 진로 설정은 대학 지원을 앞두고 자신의 성적을 감안하여 어느 대학 어느 학과에 지원이 가능한지의 여부를 결정하면서 정점에 이른다. 연극인이 되고 싶다면 영화예술학과나 공연영상창작학부, 방송인이 되고 싶다면 신문방송학과, 공무원이 되고 싶다면 행정학과, 물리학자가 되고 싶다면 물리학과 혹은 수리물리학부, 수의사가 되고 싶다면 수의예과, 엔지니어가 되고 싶다면 공과대학 무슨 과, 대부분 이런 식으로 진로를 정하고 자신의 성적에 맞는 대학의 입학 지원서를 작성한다.

이제 자신이 원하던 혹은 조금은 아쉽지만 ○○대학의 △△학과에 들어왔다. 대학생이 되면 진로에 대한 고민을 더 이상 안 해도 되는가? 천만의 말씀이다.

대학문을 나서면서 대학을 입학하면서 정한 진로를 향해 나아가는 대학생이 얼마나 될까? 그리 많지 않다. 의예과, 치의예과, 한의학과, 약학과, 간호학과, 기타 보건관련학과, 수의학과, 식품영양학과 등에 입학하는 경우 거의 진로와 직업이 정해져 있고 직장만 정해지지 않는 상태라고 말할 수 있다. 음악대학, 예술대학, 체육대학, 교육대학, 이공계 대학 등에 입학한 경우 진로는 대충 정해졌지만, 직업과 직장은 미지수인 상태로 대학문을 나서는 경우가 많다. 인문, 사회, 경영 등의 전공을 하는 경우 진로, 직업, 직장이 모두 미지수인 경우가 대부분이다. 대학에 들어와 1~2년 공부를 하면서 자신의 적성, 희망, 그리고 능력을 감안하여 자신의 진로를 다시 설정해야 한다.

미국 명문 대학 졸업생의 경우 자신의 전공과 다른 길을 가는 비율이 약 41%라고 한다. 분야가 같더라도 하는 일이 다를 수 있으니 대략 50% 정도가 대학에서의 전공과는 다른 삶을 사는 것이 아닌가 싶다. 여기에 정책대학원, 로스쿨이나 비즈니스 스쿨 등 전문대학원에 진학을 하여 진로 자체를 바꾸는 경우가 많아지니 실제로 대학 전공과 무관한 직업을 가지는 비율이 미국의 명문대학의 경우에도 약 60% 정도가 될 것이다.

우리나라의 경우는 어떨까? 한국고용정보원이 실시한 조사에서 '현재 직장에서 하는 일이 대학 전공과 일치한다'고 응답한 비율이 인문계열 29%, 사회계열 39%, 그리고 공학계열 46%이었다. 우리나라의 경우 고등학교 성적에 맞춰 대학 전공을 선택하는 경우가 많아 취업이 어려워지면서 전공 이외의 분야로의 직장 선택 가능성이 매우 높다. 대학원 진학 비율도 상당히 높다는 점을 같이 고려한다면 대학 전공과 다른 일을 직장에서 하는 비율이 미국 대학의 졸업생보다 높아 약 70% 정도일 것이다.

사회가 빠르게 변화하면서 진로의 다양성이 커지고 있다. 대학생 젊은이가 진지하게 미래를 설계하는 노력을 기울여야 하는 이유이다. 그런데 의외로 대학생 젊은이 스스로 자신의 미래를 설계하는 것에 어려움이 많다. 4학년이 되어서도 '앞으로 무얼 할 거니?'라고 물어보아도 '잘 모르겠는데요'라는 대답을 흔하게 듣는다. 하물며 1~2학년인 경우에는 도대체가 관심이 없다. 누구의 잘못인가?

진로를 정하는 과정에서 대학생 새내기 시절부터 '대학 진학이라는 투자를 왜 하는가?'에 대해 명확하고 깊은 생각을 시작해야 한다. 대학 진학은, 단순히 대학에 간다는 것이 아니라, 인생에서 가장 소중한 시간과 많은 밤을 지새우는 노력, 그리고 적지 않은 등록금을 지불하는 지극히 중요한 투자행위이다. 대학 교육이라는 4년간의 투자에 대한 반대급부로서 무엇을 얻고 싶고 또 얻을 것인가를 진지하게 생각해 보아야 한다. 대학 교육을 통하여 자신의 지식수준을 높이고 사고의 폭과 깊이를 넓히는 것뿐만 아니라 장차 직장에서 가치 있게 활용될 수 있는 문제 해결법을 학습하는 것이다. 대학 졸업장 자체는 더 이상 어떠한 일을 할 능력이나 특색 있는 증명서가 아니다.

우리네 젊은이는 진짜 자기가 잘할 수 있는 일, 하고 싶은 일을 자신도 모르는 채 '일류대학-일류기업'을 목표로 공부를 해 왔다. 대학 생활 중에는 남이 하는 것을 보고 쫓아서 하다 안 되니 무얼 할지 모른다고 한다. 졸업 후 여기저기 직장을 다녀보고서야 자신에게 적합한 일을 찾는다. '내가 뭘 하고 싶은지'조차 모르는 고민들이 대학가에 의외로 넘친다. 방향도 전략적 사고도 없이 무작정 앞만 보고 달려왔다는 얘기다.

"꿈은 30대가 되기 전까지만 찾으면 된다고 생각했다. 착각이었다. 대학 때부터 치열하게 고민했어야 했다. 정작 졸업이 가까워지니 더욱 모르겠다. 무슨 길을 택해야 하는지 답답하다. 누가 꿈에라도 나와서 답을 주었으면 좋겠다. 열심히 살았다고 자부했는데, 정작 나는 내가 어떤 사람인지, 무엇을 잘하는지, 무엇이 하고 싶은지 잘 모르겠다. 꿈은 분명하게 있는데, 두려운 것인지 쉽게 시동이 걸리지 않는다." 속내를 담아 접은 종이배를 강에 띄워 보내듯이 누군가 인터넷에 답답한 마음을 담아 흘려 보냈다.

자신의 미래, 진로에 대해 좀 더 많은 시간적 여유를 가지고 진지하게 생각하지 않는 젊은 세대를 바라보며 진한 아쉬움을 가진다. 대학에 입학하면서 가졌던 희망 진로와 대학을 졸업하면서 선택한 직업이 전혀 다르게 나타난다. 직업과 직장에 따라 앞으로의 인생에서 경제적, 사회적 차이가 크게 나타난다. 자신의 진로와 관련한 꿈과 현실을 좁히는 노력이 필요하다. 어느 졸업생들의 독백이다.

"전공과 무관한 진로결정을 하게 될 줄 몰랐다. 4년 동안 한 분야만 공부하다보니 취업은 전공 따라가는 건 줄 알았는데. 졸업을 하고 보니 전공분야가 아닌 내가 모르는 새로운 신세계가 있었다. 수업 내용 자체에 집착해 정작 그것이 무엇을 의미하는지를 몰랐다."

"혼자만의 시간을 많이 가져볼 걸. 나 자신과의 시간을 가져보며 미래에 대해 구상했었더라면 졸업 후에 덜 힘들었을 텐데. 자아성찰에 대한 시간의 부족, 여유를 가지고 나를 돌아보고 내가 뭐하고 싶은지 이것저것 분야를 경험해보고 생각해보지 못한 아쉬움이 있다."

자신이 정말로 좋아한다는 전제하에서 자기가 대학에서 배운 지식을 활용하는 진로를 정하고 직장을 찾는다면 더 이상 좋을 수 없다. 그러나 대학을 졸업한 후에 좋은 일을 찾는 경우도 흔하게 나타난다. 취득한 정보의 양과 질에서 차이가 나고 적성과 능력의 변화를 느끼고 희망하는 것에 대한 생각이 달라지기 때문이다. 어느 분야에서 어떤 일을 하든 간에 새로운 문제에 부딪쳤을 때 적극적으로 대처하고자 하는 마음가짐과 해결 방법을 찾으려는 노력을 한다면 무슨 일을 하든지 일의 성격과 내용 자체는 그리 크게 문제되지 않을 듯싶다.

우리 대학생 젊은이가 가지는 진로 선택과 관련하여 바람직하지 않은 현상이 목격된다. 바로 병목 현상이다. 이 병목 현상은 두 가지 형태로 나타난다. 심각한 수준이다. 연못은 넓은데 몇 군데에만 빽빽하게 몰려가 서로 치고받는 송사리 떼와 같은 형상이 나타나고 있다.

첫 번째 병목 현상은 대규모 지향적 사고방식에서 나타난다. 젊은이의 대기업과 공기업(공공기관을 포함) 선호에서 극명하게 표출된다. 월급이 많고, 공기업과 공공기관의 경우 정년 보장이 되고, 남이 알아주고, 능력을 발휘할 수 있고, 그리고 결혼에 크게 도움이 되기 때문이라는 속설이 이미 정설이 되어 가고 있다. 여기에 주변 어른들이 부추긴다. 눈을 낮춰 중소기업이라도 들어가라면서도 막상 들어가면 어른들이 무시한다고 대학생 젊은이들은 느낀다. TV에서 이름이라도 들어본 기업이나 기관에 들어가야 하는 것이 어른들의 머릿속 기준이다. 지금에서 보면 지극히 비정상적인 과거의 취업 시장, 과거의 사회에서 아직도 살고 있는 어른들의 생각부터 바뀌어야 할 필요가 있다.

취업 재수생을 포함하여 직장을 얻기 위해 애쓰는 약 75만 명의 대학 졸업생들. 의학 관련 전공자를 제외하고, 대학생들이 선호하는 '좋은 일자리'는 대기업(전체 기업의 0.1%), 중견기업(전체 기업의 2.8%), 공기업, 공공기관, 국가직 및 지방직 공무원, 금융기관, 교직원을 포함하여 매년 7만 명 정도다. 그런데 온 젊은이들이 한군데를 향해 달려든다. 스펙을 올리면서 재수, 삼수도 마다하지 않는다. 그러면서 작은 기업이거나 창업 기업은 기피한다. 한국적 현실을 반영해서인지는 몰라도 우리 대학생 젊은이들의 주인主이 되기보다는 머슴從이 되고자 하는 세태가 서양이나 중국 젊은이들의 행태와는 사뭇 다른 것이 아쉽다.

엄마 또한, 자식의 미래에 대해 늘 '본인이 좋아하는 것을 하면 된다'고 입버릇처럼 이야기를 하면서 정작 속내를 털어놓지 않는다. 엄마의 기준은 자식의 혼담이 오고갈 때 상대방으로부터 무시당하지 않는 수준의 직장일지도 모른다.

서울대 경영대학에서 세계적인 투자가라는 짐 로저스 회장을 모시고 특강을 열었다. '젊은이여, 농대로 가라'는 그의 외침에 참석한 학생들이 많이 놀랐다고 언론이 전한다. 대부분 로스쿨 진학, 공무원 시험과 공인회계사 시험, 금융계 취업, 대기업, 공공기관 취업을 주로 생각했던 서울대 경영대 학생들에게 세계적인 투자가가 창업을 하라고 권하고 자신들의 생각과는 동떨어진 농업분야를 추천하니 아연실색할 수밖에 없는 것도 당연해 보인다.

과연 대기업이나 금융기관, 공공기관이 우리 대학생 젊은이가 추구해야 하는 진로의 종착역일까? 주말을 포함하여 주당 70시간 이상을 일해야 하는 대기업 사원의 쳇바퀴 같은 생활이 고3 수험생 시절이나 군 생활보다도 더 힘들다는 기사가 보인다. 대기업, 금융기관, 공공기관만 노리다가 반 백수가 된 대학 졸업생의 안타까운 이야기가 기사화되곤 한다. 대학생들에게 보내는 진로에 대한 경종이다. 그런데 우리네 대학생 젊은이들은 이런 경종에 아랑곳 하지 않는 것 같다.

두 번째 병목 현상은 전공 쏠림에서 나타난다. 경영학과의 경우, '앞으로 어떤 분야로 가고 싶으냐?'는 질문에 거의 모든 학생이 금융이나 마케팅 분야라고 대답한다. 과연 모든 학생에게 금융과 마케팅 분야의 문이 열려 있을까? 대단한 착각이다. 경영학 전공의 학생이 선호하는 금융권—KB국민, 우리, 신한, 하나, IBK기업 은행과 농협—에서 2014년에 대졸 신입행원을 뽑은 숫자는 1,700명이 조금 못된다. 청년 일자리 창출과 같은 인위적인 조치가 없다면 앞으론 더 줄어든다.

자신이 경영학 전공의 대학생이라고 금융기관과 대기업의 마케팅 분야가 팔을 벌리고 기다려 주는 줄 안다. 은행에 들어가면 금융 업무를 맡을 것으로 생각한다. 실제로 사회에 나가서 하는 일이 무엇인지도 모르는 채 마케팅 과목이 단순히 재미있고 멋있어 보인다는 이유로 졸업하면 마케팅을 하고 싶다고 말한다. 그러면서 수도권에서 멀리 떨어진 공장에서 근무를 하게 될까봐 생산·운영관리와 관련된 과목은 필수 과목이 아닌 한 철저히 기피 대상이다. 생산시설의 해외 현지화 경향에 따라 기업에서는 해외 생산시설과 인력 관리가 점점 중요해져 간다는 사실은 염두에 없다.

경영학과 학생들이 선호하는 마케팅 분야를 자세히 들여다보자. 서비스마케팅, 산업 마케팅, 온라인마케팅, 프랜차이즈경영, 유통경로관리, 고객관계관리, 국제마케팅, 제품관리, 마케팅조사, 소비자행동론, 영업관리, 광고홍보론, 브랜드관리 등 다양한 세부 분야가 있다. 이 중에서 어떤 것이 본인이 이야기하는 마케팅 분야인지도 모른다. 대부분 소비자행동론이나 광고학을 좋아하면서 마케팅이라고 생각하고 말한다. 마케팅을 이야기하면서 요즘 점점 더 중요해져 가는 신제품 개발을 의미하는 제품관리에 대해 이야기하는 경우란 거의 찾아보기 어렵다. 심한 경우에는 마케팅과 영업을 혼동하기도 한다.

요즘 중국 경제가 뜨면서 관심을 가지고 중국통상학과에 관심을 가지는 젊은이들이 많다. 중국통상학을 전공한 대학생이 나아갈 수 있는 진로는 무역업, 정부기관, 변호사, 외교관, 중국어 통·번역사, 대학교수, 중국어 교사, 언론계, 중국관련 업무 종사자, 중국어 어학관련 종사자, 중국현지기업 취업, 관광업, 국내 일반 기업체 취업 등으로 매우 다양하다.

물리학의 경우에도 전공자가 사회로 진출할 수 있는 진로는 의과대학 진학, 이공계 대학교수, 경제학자, 기술직 공무원, 변리사, 과학기술 정책연구소 연구원, 학원 강사, 벤처창업, 투자금융계, 이공계연구소 연구원, 기업체 취업, 과학교사, 개인 발명가 등으로 역시 매우 다양하다.

위의 두 가지 예에서 보듯이, 대학에서 공부한 전공분야를 떠나 사회에서 다른 일을 할 가능성과 기회는 정말로 많다. 비정상의 정상화다. 이러한 현상은 사회가 발전하면서 직업의 다양화가 이루어지면서 직장 선택의 폭이 급속하게 확대되고 있다는 뜻이기도 하다.

그럼에도 왜 우리나라 젊은이에게 진로와 전공에 대한 극단적인 쏠림 현상이 생기는 것일까? 선호하는 직업에 대한 고정 관념이 높고 특정 종류의 직업만이 대접을 받을 수 있다는 인식이 높기 때문이라는 것이 일반론이다. 우리네 젊은이가 가지고 있는 잘못된 구직문화가 자신의 미래 진로에 대한 생각을 왜곡하고 있다.

그러면 그들이 이러한 편중된 인식을 갖게 되는 이유는 무엇일까?

첫째, 세상이 변했다는 것을 모르기 때문이요,

둘째, 자신의 능력과 그 한계를 과대평가하기 때문이요,

셋째, 진로에 대한 진지한 고민과 분석 없이 진로를 정하기 때문이요,

넷째, 진로 설정에 대한 지도를 어른 혹은 전문가로부터 전혀 받지 않기 때문이요,

다섯째, 실제 직장생활이 어떻게 돌아가는지 알지 못하기 때문이다.

❋ 내 전공은 어디로?

'전공과 무관한 일을 하고 있을 줄 몰랐다'는 말을 하는 직장인들이 많다.

"은행에 들어가기 위해 금융과 관련한 여러 가지 공부를 1학년 때부터 시작했고 관련된 자격증들을 모두 취득했다. 금융권에 취업하면 여의도나 강남에서 근무할 수 있을 줄 알았다. 그런데 지금까지 몇 년째 지점에 근무 중이다. 은행원은 용모단정하고 프로페셔널하게 매일 정장 슈트를 입고 근무할 줄 알았다. 지점에서는 은행 유니폼을 입기 때문에 학생 때 입고 다니던 옷에 운동화를 신고 후줄근하게 직장을 오간다.

자격증 공부를 하면서 습득했던 지식을 취업하면 모두 다 활용할 줄 알았는데 실무에선 십분의 일도 안 쓴다. 개인 고객을 상대하면서 PB라는 부유한 고객들의 자산관리를 담당할 줄 알았는데 내가 만나는 개인 고객들은 잔돈만 바꿔가기 일쑤다. 고객이 상품 상담하면 그 고객만을 위해 상당한 시간을 내줄 수 있을 것이라 상상했는데 실제로는 뒤에 서서 기다리는 손님들이 째려봐 다음 손님을 상대하기에 바쁘다. 최근에 맡게 된 대출 업무에서도 돈을 빌려주는 내가 갑일 줄 알았는데 VIP고객들의 이자연체 여부나 알려주는 알람에 불과한 것을 깨닫는다."

어렵게 취업을 하더라도 경기가 어려워지면서 기업에서는 고용에 대한 긴장감이 가득하다. 산업과 기업의 흥망성쇠가 시시각각으로 변하고 있다. 대학생 젊은이들이 선망의 눈으로 바라보았던 대기업, 금융기관, 공공기관에서 50대 초반 명예퇴직 현상도 이제는 흔하게 나타난다. 원하는 회사에 들어갔지만 얼마 안 되어 이직 준비를 하는 직장인들도 상상 외로 많다는 이야기가 들린다. 77% 수준이란다. 기업의 목표가 이익의 최대화에서 지속적 성장으로 바뀌었듯이 이제 개인의 목표도 과거의 '높이'보다는 '길이'로 바뀌고 있다. 지속 능력sustainability이 이제는 모두에게 대세가 되어 버렸다.

진로 설정

자신의 미래를 생각하고 진로를 설계해야 의미 있는 삶을 가질 수 있는 시대가 이미 와버렸다. 미리 준비를 해야 한다는 뜻이다. 대학생이 되는 순간부터 진로, 직업, 직장에 대해 적극적으로 생각하기 시작해라. 눈을 멀리 그리고 넓게 떠라. 눈을 밖으로 돌릴 필요도 있다.

젊은이에게 앞으로 무슨 일을 하고 싶은가를 물어본다. 뜻밖에도 무슨 일을 하겠다는 대답보다 어떤 직업을 얻고 싶다 혹은 어떤 직장에 들어가고 싶다는 반응이 나온다. 진로를 물어보았는데 직업이나 직장이 곧바로 나오는 것은 진로와 직업과 직장을 혼동하고 있다는 증거다. 왜 이런 현상이 나타날까?

직장에 대해 얼마나 알고 있는지를 알고자, 수업 시간 중 학생들에게 알고 있는 기업의 이름을 적어보라고 시켜본다. 놀랍게도 그들이 알고 있는 기업들의 수가 20개를 넘지 못한다. 어떤 학생의 경우는 겨우 3~4개 적어 놓고 그 기업들이 자기의 취업 대상이라고 말한다. 자신들이 알고 있는 직업들의 수를 적으라고 시켜보아도 10가지를 넘는 경우가 많지 않다. 좀 많다 싶어 살펴보면, 남학생의 경우 자동차 혹은 게임 기업들, 여학생의 경우 명품 기업들이 추가될 뿐이다. 자신에게 합당한 진로를 심각하게 생각해 본 적도 없고 또 자신의 수준에서 목표로 할 수 있는 기업 대상에 대해서도 그리 많은 생각을 하지 않고 있다는 의미다. 아는 기업의 수도 몇 개 없으면서 남들도 똑같이 들어가고 싶어하는 회사들만 생각하니 취업이 힘들다는 이야기가 나오는 거다.

자신의 능력과 자신이 선택하는 희망 진로 사이의 갭이 크게 존재하고 있다는 것을 대학생 젊은이들이 깨닫지 못한다. 원하는 대학에 재수 삼수해서 들어 왔으니 원하는 직장을 재수 삼수하면 가질 수 있다고 착각한다. 대학은 자신이 잘하면 들어갈 수 있지만, 대부분의 직장은 남(회사)이 뽑아 주지 않으면 들어갈 수 없다는 것을 알지 못한다.

산을 오르는 예를 통하여 자신을 한번 돌이켜 보자. 저자는 건강을 위해 지난 10년 동안 산행을 꾸준히 해 왔다. 그래서인지 웬만한 우리나라의 산을 오르는 데에는 이제 큰 문제가 없어 보인다. 그런데 만약 안나푸르나 등정을 간다면 가능할까? 아니다. 자신도 없거니와 이제는 나이가 들어 체력이 뒷받침해 줄 것 같지도 않다. 어느 분은 나이가 10년이나 젊지만 건강이 좋지 않아 조금 큰 산은 오르기가 어렵다. 그래서 근처 산을 주로 오른다. 만약 그분이 한라산을 오르려 한다면? 그건 좀 생각해 볼 이야기다. 체력도 안 되지만 그만큼의 산행 경험이 없다. 반면에 어느 친구는 지금도 아주 큰 산을 쉽게 오른다. 같이 산행을 하자면 도저히 따라잡을 수 없는 정도의 수준이다. 체력 관리에 대한 평소의 노력이 있었겠지만 타고난 능력도 남다르다. 기회의 평등을 능력의 평등으로 착각하지 말아야 실패를 면할 수 있다.

대학생 젊은이의 진로도 마찬가지다. 마음만 가지고 진로를 정하면 어려운 문제가 생길 가능성이 참으로 높다. 큰 사고가 나서 앞으로 산행 자체를 못할 가능성도 있다. 과연 내가 어떤 산을 목표로 어느 길로 산행을 하는 것이 내 삶의 최종 승리자가 될 수 있을 것인지 심각하게 생각해 보아야 한다.

앞으로 진로를 정하는 데 도움이 될까 하여 미래의 고용 메가트랜드를 제시한다.

첫째, 서비스 기반의 다양한 직업이 창출된다. 개인의 자유와 기회가 현저하게 확대된다. 시장 불확실성에 따른 고용 안정성이 낮아진다. 사회적, 경제적 신분 이동 상승의 기회는 현저하게 축소된다. 남의 길이 아닌 자기 길my way을 찾는 것이 좋다는 의미다.

둘째, 전문직을 포함하는 고급 인적 자원에 대한 시장 보상이 큰 폭으로 증가한다. 그러나 동일 직종에서의 소득 양극화는 아주 커진다. 전문직 혹은 전문가 자격증을 가진다 하여 안심할 수 없다는 의미다.

셋째, 과거에 존재했던 대학 순위와 사회적 성공의 상관성은 크게 약화된다. 명성있는 대학을 졸업했다고 해도 사회적으로 성공할 확률이 적어진다. 학벌보다는 자신의 적성에 맞는 분야에서 최고가 되려는 부단한 노력이 성공을 결정짓는다는 의미다.

넷째, 제조업 기반뿐만 아니라 경영지원 기능도 해외로 옮겨 가면서 글로벌 관리의 중요성이 커진다. 선진국 시장의 지속적인 정체와 쇠락이 반복된다. 중국, 인도, 러시아, 브라질 등 BRICs와 Next 10 국가들의 경제력이 커진다. 취업의 눈을 밖으로 돌리라는 의미다.

다섯째, 로봇이 할 수 있는 영역이 거의 무한대로 늘어난다. 지난 2010년에 연극무대에 섰던 인간 모습의 로봇이 일본에서 주연급 배우로 활약한다는 소식이 벌써 들린다. 앞으로는 인간이 할 수 있는 일의 상당부분을 로봇이 담당해 로봇을 많이 보유한 사람이 부자일 것이라는 소식도 들려온다. 인간이 로봇에 지배를 당할 가능성도 조심스럽게 제기되고 있다. 로봇이 할 수 있는 직업 영역은 피해야 한다는 의미다.

진로의 꿈은 클 수도 있고 소박할 수도 있다. 멀리 볼 수도 있고 가깝게 볼 수도 있다. 모두 자신의 선택이다.

03 진로 설계와 전문가의 도움

내 진로는 마이웨이?

'친구 따라 강남 간다'고, 남이 하니까 앞뒤 생각 없이 그게 좋을 것 같아 보인다며 친구 따라 진로와 전공을 정하는 대학생 젊은이가 의외로 많다. 자기 생각이 없기 때문이다. 자신과 남의 차이를 인식하지 못하기 때문이기도 하다. 대학 2, 3학년이 되었음에도 앞으로 구체적으로 무엇을 하겠다고 똑 부러진 이야기를 하는 대학생을 발견하기란 그리 쉽지 않다. '아직 잘 모르겠다'고 답하는 경우가 더 많다. 가끔 자신 있게 이야기하는 학생을 만나본다. 하지만 조금 더 깊숙이 물어보면 자신이 하고자 하는 것이 정말로 무엇인지, 자신의 능력이나 적성과 잘 매치되는지를 점검해 보지 않은 채 남이 하겠다고 하니까 자신도 해보겠다는 이야기였던 것으로 결론이 나는 경우가 많다.

두 젊은이가 같은 공부를 했더라도 진로는 다른 것이 지극히 정상이다.

왜? 능력이 다르고 적성이 다르고 취향이 다르기 때문이다. 능력이 다르고 적성이 다르고 취향이 다른데 희망 진로가 같다면 그건 어느 한 쪽이 비정상일 가능성이 크다. 대학 생활을 통해 확실하게 이것저것 알아보고 자신의 길을 향해 노력하고 있는 대학생이 전체의 50% 이하인 것 같다. 대학 4년을 다 보내고 졸업 후 여기저기 직장을 다녀보고 나서 그때부터 자신에게 적합한 일을 찾는 경우가 많아지고 있다. 취업 재수생 47만 명의 원인이 아닐까 싶다.

어렵게 대학에 들어왔음에도 불구하고 왜 대학 생활에서 그렇게도 중요한 미래 진로나 직업에 대한 선택을 앞두고 많은 젊은이들이 주저하고 있는 것일까? 첫째 답은 그동안 엄마의 지시와 선생님의 과외에 공부를 의존해 왔던 타성이 남아 있어 대학생이 되었음에도 불구하고 자립심이 부족하기 때문이요, 둘째 답은 진로 설정 자체가 어렵기 때문이다. 셋째 답은 진로 설계 과정에서 구체적으로 도와줄 사람을 찾기가 어렵기 때문일 것이다.

젊은이의 미래를 결정하는 것, 즉 진로를 정하고 구체적인 직업을 선택하는 것을 돕는다는 것은 산에 오르려는 젊은이에게 어떤 산을 가도록 알려주고 동시에 그 산에서의 가장 좋은 루트와 산행 방법을 알려주는 것과 같다.

산행을 하는데 어느 산을 어떤 루트를 통해 어떠한 방식으로 오르는 것이 가장 효과적이고 효율적이냐 하는 것을 알려주기 위해서는 우선 젊은이의 산행 목적, 산을 오르는 능력, 그동안의 산행 경험 유무 등을 알아야 가능하다. 다음은 어느 산을 올라야 할 것인가를 살피고 알려주어야 한다. 수많은 산들 중에서 오를 산을 미리 결정하지 않고 산행을 할 수는 없기 때문이다. 산이라고 모두 같은 것이 아니다. 산마다 요구하는 '오를 수 있는 능력'이 다르다. 마지막으로, 오르고 싶은 산이 결정되면 오늘은, 내일은, 그리고 그 다음 날은 어떤 루트를 통해서 어디까지 갈 것인가를 결정하도록 도와주어야 한다.

젊은이라 하더라도 산행 경험이 없고 적절한 지도를 받지 않은 채 큰 산행을 하면 상당한 어려움을 만나게 될 가능성이 아주 높다. 조난을 당하거나 아니면 중도에 포기하고 내려와야 한다.

진로 설계는 새내기 대학생이 대학의 문을 처음 들어서면서부터 시작하도록 대학에서 책임지고 지도해야 한다. 가정에서는 지도하기가 어려운 부분이 많다. '신입생 세미나'와 같은 1학년 과목에서 어떠한 내용을 어떠한 방식으로 가르쳐서 어떤 수준의 졸업생으로 키울 것인가에 대한 설명은 필수적이다.

대학생 새내기의 미래 설계를 돕기 위해 변화하고 있는 사회적·경제적 현상, 향후 진로에 대한 전망, 그리고 졸업생 선배를 통해 실제 직장 생활에 대한 오리엔테이션이 필요하다. 물론 이 과정에서 대학생 새내기는 자신의 대학 생활과 미래에 대한 계획을 시작해야 한다. 교과서의 정답을 이해하고 외우는 구습에서 벗어나 신문이나 전문잡지를 읽어 세상의 흐름을 알고자 하는 노력을 병행해야 함은 기본이다. 주변의 어른이나 실력 있는 선배를 찾고 물어볼 줄 아는 적극적인 자세도 가져야 한다.

젊은이들의 진로문제를 상담하면서 의뢰자의 편견이 존재하는 것을 드물지 않게 경험한다. 자신의 진로 옵션을 A 혹은 B로 생각하고 다가온다. 본인이 생각하는 A나 B 외에도 C 혹은 D가 존재한다는 것을 모른다. 저자 스스로도 공학-행정학-경영학의 이질적인 수학과정을 통해 정말로 좋아하고 잘할 수 있는 '기술경영'이라는 분야를 찾을 수 있는 행운을 가질 수 있었다. 적성·능력·희망에 따라 미래 가능한 진로의 다양한 옵션은 달라진다. 자신의 적성·능력·희망을 파악하는 것이 자신에게 가장 적합한 미래 커리어를 설정하는 시작점이다.

어느 날 젊은 여성이 연구실을 찾아왔다. 서울에 있는 명문대학에서 국문학을 전공하고 외국계 유명 출판사에서 3년째 경력을 쌓고 있단다. 미국으로 유학을 가서 '음식 심리학'을 공부하고 싶다고 한다. 왜 그 분야를 마음에 두었냐고 물었더니 경제가 발전하면서 외식에 대한 소비가 크게 성장할 것이란다. 맞는 말이었다. 언론에서도 여러 번 기사가 게재된 적도 있었다.

그러나 저자는 다른 분야를 제안했다. 그 여성의 성격, 전공, 경력, 미래 가능성 등을 살펴본 결과 문화예술 분야로 진출하는 것이 보다 더 경쟁력을 가질 것으로 판단되었다. 그 여성은 저자의 도움을 받아 미국 유명대학의 MBA과정에 진학했다. 학업을 마친 후 귀국했는데 몇 년이 지나 이제는 콘텐츠 분야에서 잘 나가는 전문가로 활동하고 있다는 소식이 들려온다. 반가운 일이다.

다른 예를 하나 더 들어보자. 서울의 중위권 대학에서 경영학과를 조기 졸업한 한 젊은이가 찾아왔다. 경영학을 공부한 후 웬일인지 더 명성 있는 대학원으로 진학하지 않고 비슷한 수준의 대학 행정학과에 학사 편입을 하였단다. 젊은이의 여러 가지의 가능성을 검토한 후 교수가 될 것을 권고했다. 몇 달 후 그 분야에서 최고의 대학원에 진학했고 미국의 싱크 탱크에서 경험을 쌓은 후 석사학위를 취득하였다. 지금은 성장 일로에 있는 '글로벌 스포츠 마케팅' 분야의 전문가가 되기 위해 박사과정을 밟고 있다. 가끔 보는 모습이지만 자신감이 넘쳐흐른다.

진로를 설정하는 데 있어서 심각하게 한번은 생각해 보아야 할 것이 '좋아하는 것을 할 것인가?' 아니면 '잘하는 것을 할 것인가?'의 문제이다. 재능의 격차가 엄연히 존재한다고 믿으면 잘하는 것을 택할 것이고 재능의 격차를 노력으로 극복할 수 있다고 믿는다면 좋아하는 것을 택할 수 있기 때문이다. 우리들에게 재능의 격차가 과연 존재하는가? 훈련이나 연습, 공부로 극복해 낼 수 없는 재능의 차이가 존재하는가?

대학의 교무위원으로 있을 때 옆 좌석에는 늘 예·체능대학장께서 앉는다. 우리나라 리듬체조의 대가다. 언젠가 리듬체조 분야에서 성공하기 위해서는 체질적인 특성을 가지고 있어야 하는지를 여쭈어본 적이 있다. 당연히 그렇다면서 설명을 자세히 해주신다. 선수 본인의 노력도 물론 중요하지만 기본적으로 상당한 수준에서의 체질과 재능을 타고나야 한다는 점을 강조한다.

최근 잘난 젊은이 하나가 어느 직장에 입사했지만 6개월 만에 경쟁력을 잃고 퇴출되는 것을 지켜보는 아픔을 겪었다. 자신이 원하는 진로·직장을 갖는 것도 중요하지만 자신의 능력에 맞는 진로·직장을 찾는 것이 보다 중요하다는 것을 다시 한 번 느끼게 했다. 어느 정도의 재능이 있다고 아무 직장에서나 일을 잘할 것 같지만 그게 아닌가 보다. 자신이 원한다고 상당한 준비 없이 덤벼들다 실패를 거듭하는 사례를 옆에서 지켜볼 수밖에 없는 쓰라린 경험이었다. 물론 이 젊은이는 퇴직 후 진로 방향을 바꾸고 다시 준비를 하여 모두가 바라는 대기업에 당당하게 입사했다.

❋ 어찌 할 수 없는 재능 차이의 존재

서울 소재 중위권 대학에서 공대 차석으로 졸업을 했습니다. 또한 경영학을 복수전공을 하였고 경영학 성적 역시 우수한 편이었습니다. 대학 시절 장학금을 계속 받았고 자신감 있게 대학 생활을 하였습니다. 사회 경력 부족으로 대학원 진학에 실패하였지만 우연히 컨설팅 기업에서 일할 기회가 주어져 일을 할 수 있었습니다. 이 과정에서 열심히 노력해도 도저히 따라잡을 수 없는 재능의 차이를 경험했습니다. 일을 처리하는 속도, 통찰력, 위기대처 능력, 심지어는 기억력까지 세세한 것조차 놓치지 않고 업무를 처리하는 상사를 보면서 정말로 대단하다는 생각이 들었습니다.

회사에는 뛰어난 인재가 많았습니다. 같이 일을 하는 팀에도 당연히 명문대 출신이 많습니다. 2개 외국어를 구사하며 자료의 이용 능력이 뛰어난 사람도 상당수 있습니다. 프로젝트를 함께 수행하면서 업무처리에 상당한 차이가 발생했습니다. 팀원 모두가 톱니바퀴처럼 잘 맞아 떨어져야 정해진 일정 내에 업무를 정확히 마무리 지을 수 있는데, 업무가 진행되면서 계속적으로 저에게 업무 로드가 걸리기 시작했습니다. 밤새워 일해도 다른 팀원 업무에 영향을 미치는 경우가 생겨나기 시작했습니다. 처음 하는 일이라 업무가 익숙하지 않은 점도 있어 항상 물어보고 도움을 받으면서 업무를 수행하였습니다. 그러나 기본적으로 자신의 역량에 맞게 자율적으로 시간을 분배하여 업무를 처리하는 재능의 차이가 존재함을 깨닫게 되었습니다. 훈련이나 연습, 공부로 극복해 낼 수 없는 재능의 차이가 존재했습니다.

대학에 들어와 새로운 공부를 하는 과정에서 자신이 좋아하는 일을 발견하는 경우가 많다. 그러나 사회에 나가 그토록 바라던 일을 실제로 수행하면서 대학 시절 머릿속으로 상상하던 업무와 실제로 수행하는 업무 사이에 상당한 거리감이 있다는 것을 깨닫기도 한다. 막상 대학생 시절에는 직장에 들어가 업무를 맡게 되면 잘해낼 수 있을 것이라는 막연한 자신감은 실제로 일을 하면서 역량 부족이라는 현실로 다가온다.

이윤을 창출해야 하는 기업이나 정해진 미션이 있는 공공기관에서는 직원이 좋아하는 일보다는 잘하는 일을 통해 성과를 창출하기를 원한다. 그래서 기업이나 공공기관에 들어가서 성공하기 위해서는 대학 시절 좋아하는 일을 찾는 것도 중요하지만 자신이 잘할 수 있는 일을 찾는 것이 보다 중요해진다. '진입 가능성'과 '성공 가능성'은 엄연히 다르다.

새로운 학기가 시작할 때마다 학생들에게 두 가지 극히 개인적인 숙제를 내 준다. 하나는 A4 한 페이지 분량에 '자기 자신을 기업에게 팔아 보라'는 주문이다. 다른 하나는 자신이 잘하는 것 30가지, 못하는 것 20가지, 하고 싶은 일 10가지, 하고 싶지 않은 일 5가지를 적어서 내라는 것이다. 첫 번째 것은 이제 기업의 고용 관행이 바뀌었으니 왜 자신이 그 기업에 들어가기를 원하는지를 이야기하지 말고 왜 그 기업에서 자신을 채용해야 하는 이유를 생각해 보라는 뜻이요, 두 번째 것은 자신의 진로를 이제부터라도 진지하게 생각해 보라는 뜻이다.

직장에서의 생존 경쟁이 싫다면 마음을 달리 먹으면 된다. 어렵기는 하지만 자기 능력껏만 갖도록 마음을 다스리면 된다. "대학 네임 밸류가 전부가 아니다. 좋은 대학에서 공부를 했는가 여부가 중요한 것이 아니라 졸업 후 어떻게 사는가가 더 중요하다. 졸업 후에 자기 인생과 행복을 결정하는 것은 자신의 스펙이 아니라 자기가 마음먹기에 달렸다"고 생각한다면 그건 행복한 삶을 살고 있다는 증거다.

진로 컨설팅의 필요성

진로를 정하는 일의 시작은 자신이 좋아하는 것을 나열해 보는 것이다. 그 다음에는 그중에서 5개 정도를 고른다. 마지막은 5개의 후보 중에서 상대적으로 자신이 남보다 더 잘할 수 있는 것을 고른다. 선택된 그것이 자신이 취해야 할 가장 좋은 진로가 될 것이다. 물론 상황 변화에 대비하여 하나쯤 더 가지고 있는 것이 현명한 생각이다.

자신이 잘할 수 있는 일을 찾는 과정에서 꼭 고려해야 할 사항이 하나 있다. 공부는 혼자 하는 것이지만 사회에 나가면 일을 혼자 하는 경우는 거의 없다는 점이다. 대부분 다른 사람과 같이한다. 혼자서 하는 공부와 남과 같이 하는 일은 그 방식에서 크게 차이가 난다. 대학에서 배운 전공과 무관한 일인 경우도 비일비재하다. 그래서 직장에 들어와 '공부만 잘했다'는 소리를 듣는 직장 새내기가 많아진다. 혼자 하는 공부 방법만 알았지 남과 함께 일하는 방법을 대학 생활 중에 배우지 못했기 때문이다.

대학생 젊은이가 커리어를 달성하는 유형은 3가지로 정리된다.

첫 번째, 자신의 적성, 능력, 희망에 맞는 목표를 정하고 적정한 수준의 노력을 통하여 어렵지 않게 달성하는 것이다. 약학대학, 간호대학, 교육·사범대학, 의과대학, 법과대학, 예·체능대학 등 비교적 전문성이 필요한 영역으로 진학하는 젊은이에게서 흔히 관찰된다.

두 번째, 가장 바람직한 것으로서, 자신의 능력을 넘어 희망 이상의 커리어를 달성하는 것이다. 학벌에 비해 훨씬 높은 수준의 경제적·사회적 지위를 얻는 사람에게서 관찰된다. 본인의 부단한 노력과 함께 진로 방향이 자신의 적성과 능력에 잘 합치하는 경우다.

세 번째, 자신의 능력에 비해 낮은 결국에는 본인의 희망과 다른 커리어를 선택하는 경우이다. 충분한 노력을 하지 않거나 자신의 적성과 능력을 잘 결합시키지 못했을 때 나타난다.

위 두 가지의 경우는 이·공계 대학, 인문·사회대학, 경영대학과 같이 포괄성이 비교적 높은 영역에 진출하는 젊은이에게서 주로 관찰된다.

가장 불행한 네 번째. 대학에서 시간을 허송하고 진로에 대한 방황을 계속하다 결국 원하는 커리어 수준 달성 자체가 불가능해지는 상황이 벌어지는 경우다. 상당히 많은 대학생에게서 나타나고 있다.

커리어 컨설팅의 대상은 첫 번째 경우를 뺀 나머지 세 가지 경우 모두에 해당된다. 가장 바람직한 상황인 두 번째는 커리어 컨설팅을 통해 A 또는 B가 아닌 전혀 다른, 희망컨대 훨씬 나은, C 혹은 D로의 새로운 진로를 설정하고 노력하는 젊은이가 될 수 있다. 이 경우는 본인의 능력을 상회하는 커리어를 가지는 데에 따른 기회 효과가 상당히 크다는 측면이 있다. 보다 나은 삶을 누릴 수 있다. 가슴이 저절로 펴지는 정신적인 편안함뿐만 아니라 수입이 증가하고 사회적 지위가 높아진다. 교류하는 사람들의 수준도 높아 보다 나은 환경에서 삶의 기반을 다져갈 수 있다.

반면에 세 번째는 적절한 시기에 커리어 컨설팅의 도움을 받고 젊은이 자신의 노력이 더해진다면 본인이 원하는 진로에의 진출과 커리어 수준의 달성이 가능하다. 그러나 원하는 커리어 수준에 대한 이해가 부족하고 그 달성 방법을 잘 이해하지 못할 경우, 자신이 할 수 있는 역량이 있음에도 불구하고 소중한 성장의 기회를 놓쳐버리게 될 가능성이 높다.

가장 불행한 네 번째는 진로와 취업에 대한 자신감을 갖지 못하고 방황하면서 커리어 준비가 늦어지고 원하는 커리어 달성을 위해 감당해야 할 리스크가 커지면서 희망하는 커리어 달성 자체가 불가능해진다. 주로 학업의 부진에서부터 시작한다. 최악의 경우, 더 많은 노력과 비용을 들이면서도 가능한 옵션의 수와 달성 가능한 커리어 수준 자체가 현격하게 낮아질 수 있다.

진로 컨설팅은 일찍 받을수록 효과적이다. 지도교수를 찾아가서 진지하게 상의하거나 대학의 경력개발센터의 문을 적극적으로 그리고 꾸준히 두드려라. 부모님과 상의하거나 부모님께 부탁드려 친구 분들의 상담과 자문을 받기를 권한다. 어려운 이야기가 좀 섞여 있는 경우나 구체적인 컨설팅 내용이 필요하면 전문가를 찾아도 좋다.

❋ 진로 컨설팅의 경제적 가치

자신의 능력에 비해 수준이 낮은 커리어를 선택하게 되는 경우 희망하는 커리어를 달성하기 위해 대학생 젊은이가 미래에 지불해야 할 예상 비용을 시간 가치로 환산해보면 2010년 가격 기준으로 연간 4,350만 원 정도이다. 국토연구원이 2012년에 발간한 자료에 근거하여 업무 시간의 경우 15,283원/시간, 비업무시간의 경우 4,990원/시간을 적용했을 경우다. 우리나라 평균임을 감안한다면 대학생 평균은 이보다 더 크다.

따라서 직장 선택에의 지체 기간이 2~3년이라면 총 8,700만~13,000만 원이 발생하게 된다. 여기에는 추가적인 교육비용, 사회적 지위의 훼손, 그리고 부모님과 대학생 젊은이 본인이 원상 복구기간 중에 가지게 될 정신적 어려움 등은 감안하지 않았다. 진로 컨설팅 결정 시점이 늦을수록 기간이 증가되고 예상 비용이 증가하게 된다.

물론 원상 복구가 가능하다는 전제하에서의 이야기다. 시간이 이미 흘러가 버리거나 기회를 놓쳐 복구 자체가 안되는 경우가 더 많다.

04 인문계의 미래는 어두운가?

길이 좁아지는 인문계

2007년 6월, 애플의 야심작 아이폰이 처음으로 세상에 모습을 드러냈다. 이를 계기로 ICT 분야의 신제품 개발에서 인문학의 중요성이 강조되면서 새로운 학문적 광풍이 사회 곳곳에서 나타나기 시작했다. 공공기관의 컨퍼런스, 언론기관에서의 초청 강연, 대학에서의 강좌 개설, 심지어는 백화점과 구청의 문화센터에서까지 인문학 열풍이 불었다. 저자도 인문학 강연을 듣기 위해 여기저기 몇 군데를 찾아 분주하게 다녔던 것이 기억난다.

3년 전 가을 『대학생 엄마의 착각』을 집필하면서 이공계 대학생의 미래에 대한 걱정이 앞서 '이공계의 미래는 어둡다?'라는 소제목의 글을 실었다. 그런데 2014년 상반기 삼성그룹의 대졸 공개 채용 결과는 저자를 놀라게 했다. 예상한 것보다 훨씬 빠른 속도로 기업에서의 이공계 졸업생에 대한 선호가 증가하는 것을 실감했기 때문이다.

지난 2~3년 동안 나타난 '이공계 우대' 분위기는 삼성·현대자동차 등 그룹 기업뿐만 아니라 금융·통신·유통 등 우리나라 산업계 전반에 불문율처럼 적용되는 추세다. 만성화되고 있는 내수 불황으로 경영환경이 나빠지면서 기업이 단시간에 성과가 나오고 수익을 내는 데 활용도가 높은 이공계를 인문계 직무에까지 배치하고 있다. 삼성그룹 대졸 공채 합격자 중 이공계가 차지하는 비율이 80~90% 수준이다. 과거에 주로 인문계 출신을 많이 뽑았던 삼성물산 상사부문에서조차 합격자의 30~40%가 이공계 졸업생이다.

이공계 우대 분위기의 상승과는 반대로 우리 기업의 경제·경영학 전공을 제외한 어문·사회과학 등 비非상경 계열에 대한 홀대 분위기는 더욱 뚜렷해지고 있다. 선진국의 저성장이 심화되고 세계 경제 전망이 불투명해지면서 2014년 후반기 공채부터는 삼성과 LG, 현대자동차 그룹의 일부 계열사들은 인문계 졸업생을 아예 뽑지 않는다. 수시 채용으로 바뀌어 버렸다. 우리나라의 산업구조가 기술기반으로 개편되면서 비이공계 출신에 대한 취업 관문인 대기업 대졸 공채가 사라지기 시작한 것이다.

우리나라 인문계 대학생들의 취업에 대한 패닉 현상이 나타나면서 '인문대 졸업생 구십 퍼센트는 논(론)다'라는 뜻의 '인구론'이라는 신조어까지 등장했단다. 사회가 인문계 대학생 취업 문제를 심각한 수준으로 받아들이고 있다는 증거다. "교육현장 '문과의 눈물' 이대로 놔둘 건가"라는 사설로부터 "서울대 문과생들의 눈물"이라는 특집까지 다루어진다. 취업난이라고 해도 명문

대 졸업생에게는 조금 낯설었던 이야기가 이제는 명문대까지 엄습했다고 걱정이다.[7]

그런데 한번쯤 역지사지易地思之(상대방과 입장을 바꿔 생각해보는 것)해서 생각해 볼 것이 있다. 그래야 답이 보이기 때문이다. 기업은 다른 기업들과 치열하게 경쟁하면서 생존의 길을 닦아 나가고 있다. 조금만 뒤지거나 잘못하면 내일을 기약할 수 없는 처지다. 그런데 기업이 왜(오해하지 말기 바란다) 철학과, 역사학과와 같은 인문계 졸업생을 채용해야 하는가? 책을 통한 지식만 있고 스스로 생생한 학습이라곤 해보지 않은 젊은이를 이익을 창출해야하는 기업에서 채용해야만 하는 합당한 이유가 필요하다. 적어도 인문학적 지식의 경영학적·실천적 의미를 찾고 해석하여 실무 현장에 적용하려는 노력이 있어야 한다. 수출이 경제에서 80%를 차지하는 나라에 살면서 외국어 하나 제대로 못하고 기술기반 사회에 살면서 컴퓨터 코딩 1가지를 할 줄 모른다면 그 젊은이는 전공을 불문하고 적어도 민간 부문에서 좋은 직장을 갖기란 쉽지 않을 것이다.

인문학의 취업 위기론이 크게 이슈화되면서 대학에서는 요즘 인문계 대학생의 취업을 촉진하기 위한 여러 가지 해법을 찾고 있다. 다양한 복수전공 트랙을 마련할 뿐만 아니라, 예술과 IT를 융합한 '아트&테크놀로지'와 같은 전공도 개설하고 있다. 구체적인 교육내용은 알 수 없지만, 학과 이름을 바꾸어, 소설·시·근현대사 같은 순수 인문학 대신 '공연예술기획론' '출판기획론' '만화산업이론' 등 이른바 '응용 인문학'을 가르친다. 이공계 학생들에게 인문학 마인드를 접하게 하기 위한 '테크노 인문학'의 역현상이다.

2개 이상의 학과들이 협력하여 새로운 과목을 가르치기도 한다. '디지털 미학' '문학, 매스미디어와 패션' '색채와 상상력' '인터미디어 퍼포먼스' 'IT-패션융합디자인' 'STEAM으로 접근한 디지털 미디어아트' 등 새로운 강좌들이 대학에서 개설되고 있다. 전공과목의 합종연횡에 따른 수업의 다양화 과정의 일환이다.

그래도 솟아날 구멍은 있다

『대학생 엄마의 착각』에서도 언급했지만, 어윤대 전 고려대학교 총장께서 인문계 대학생의 취업 해법으로 이중 전공을 제시한 적이 있다. 독문과 학생이 경영학 분야에서 이중 전공을 할 수만 있다면 졸업 후에 독일계 기업이나 독일에서 기업 활동을 하는 우리 기업을 대상으로 하는 취업이 훨씬 쉽지 않겠느냐는 논리에 근거한 것이다. 그런데 이 문제는 학생과 교수 그리고 대학이 모두 애를 써야 효과를 볼 수 있다. 대학은 적극적으로 학생들의 이중 전공을 제도화하고, 교수는 이중 전공에 대한 교육 내용과 방식을 개선하고, 마지막으로 학생은 스스로 변하겠다는 마음이 있어야 하기 때문이다.

어느 기자가 인문계 학생의 행태를 딱하게 느껴서 작성했다는 기사 하나를 소개한다.

"얼마 전 인터넷에서 '사회학과의 앱 개발 과제'라는 글이 화제가 됐다. 한 명문대 사회학과에서 전공과목 교수가 3학년 학생에게 스마트폰 애플리케이션(앱)을 제작해 오라는 과제를 냈다. 이 글은 순식간에 여러 인터넷 커뮤니티로 퍼졌다. 애플리케이션을 만드는 프로세스과 시스템을 이해할 것 같지 않은 교수가 '요즘 앱 만드는 게 유행이라며? 한번 해보지?'라는 태도가 학생들의 반발을 가져왔다. 수많은 댓글이 달렸다. 비판적인 내용이 대부분이었다.

해프닝은 일단락됐지만 씁쓸한 여운이 남았다. 이게 그렇게 인터넷에서 화제가 될 일인가 싶어서다. 자신도 잘 모르는 스마트폰 앱 제작을 과제로 내준 교수도 무리수를 두긴 했지만 학생들의 반응이 더 실망스러웠다. 기업이 인문계 졸업생을 점점 홀대하는 이유가 이런 수동적 태도 때문이 아닐까 하는 생각이 들었다. 프로그래밍이 어렵다는 건 기자도 잘 안다. 그러나 하는 데까지 해보고 실패하는 것과, 시도도 해보기 전에 '왜 내가 모르는 걸 시키냐!'고 시킨 사람을 비난하는 건 다르다. 이런 도피형 문과생들은 대학에 가서도 자신 없는 일은 도전하기보단 피하려는 습관이 들었을지도 모른다."[8]

이 기사 자체도 인터넷상에서 많은 반향을 불러일으켰다. 그런데 저자가 이 기사를 지지하는 이유는 간단하고 자명하다. 첫째, 스마트폰을 개발한 스티브 잡스는 철학과 출신이다. 둘째, "왜 혼자 다하려고 드느냐?"이다.

팀을 짜서 협력하고 주변의 사람을 활용할 생각을 할 줄 알아야 한다. C++나 자바 언어를 모른다 하더라도 앱 개발에 대한 기획안이라도 작성하려고 시도하는 자세 정도는 가져야 한다. 이 과정을 거치면서 앱 개발을 시도한다면, 이공계 학생과의 교류도 활성화되고 사회학과 학생에게는 '앱'이 무엇인가를 몸소 체험할 수 있는 기회가 될 것이기 때문이다. 프로젝트를 도와준

이공계 학생은 STP(시장 세분화, segmentation; 시장 표적화, targeting; 제품 위치화, positioning)의 개념을 체화할 수 있는 귀한 경험이 될 것이다.

기자와 저자의 주장을 뒷받침하는 이야기를 세계 최고의 기업인 구글의 인사 책임자 레즐로 복이 말한다. 도전을 회피하려고 하는 우리 대학생 젊은이에게 시사하는 바가 크다. 이미 사회 구석구석으로 스며든 컴퓨터와의 소통을 위해 코딩 능력은 이제 인문계 출신에게도 기본적인 소양이 되었다는 뜻을 전하는 것이라고 생각한다.

"2011년 월 스트리트에 '대학생들이 낮은 급여에도 불구하고 더 쉬운 전공들을 선택한다'는 기사가 게재된 적이 있다. 공학에서 심리학으로 전공을 바꾼 한 학생에 관한 것이었다. 그 학생은 단순히 전자컴퓨터 공학을 너무 어렵다고 생각했고 대신에 진로를 공공관계와 인사에 집중할 생각이라고 말했다고 전한다. 나는 이 학생이 실수했다고 생각한다. 전자컴퓨터 공학에서 낮은 학점을 받는다 해도 그 과목을 통해 남들과 차별화되는 능력을 갖추게 되고 결국은 직장을 얻는 데 있어 훨씬 더 높은 경쟁력을 가질 수 있다고 생각하기 때문이다. 그런데 그 기회를 스스로 포기하는 것이 안타깝다. 왜냐하면 구글이 가장 중요하게 평가하는 능력은 일반적인 인지認知 능력, 즉 새로운 것을 배우고 문제를 해결할 수 있는 능력이기 때문이다. 이 관점에서 볼 때, 가치가 높은 지식이란 정보를 이해하고 적용할 수 있는 능력이다. 기초 컴퓨터 공학이 바로 그런 과목이다."

요즘 경영학과 학생들에게 자신이 진출하고자 하는 분야에 적합한 이공계 혹은 인접 분야의 과목을 2~3개 정도 골라 수강하거나 부전공할 것을 좀 더 강하게 권한다. 물론 복수 전공을 하면 더 좋다. 이공계 학생 또한 회계를 포함하는 경영 관련 과목을 2~3개 정도는 졸업 전에 꼭 수강하라고 이야기 한다. 이러한 기회를 통해서 남들이 갖고 있지 않은 자신만의 고유한 기술이나 지식 혹은 경험 등 특성을 개발하거나 직장에서 자신이 잘할 수 있는 일을 찾는 계기를 가질 수 있다. 자기소개서 작성과 채용 면접에서 자신을 나타낼 수 있는 이야기가 생긴다.

짧은 미래에 우리 기업이 세계적인 기업으로 거듭나기 위해서는 구글이나 BCG 와 같은 인력 풀을 가질 것으로 예상된다. 구글에서는 전공을 불문하고 인재를 채용한다. BCG는 경영학 혹은 경제학뿐만 아니라 자연과학, 철학, 재무, 공학, 역사, 법학, 언어학 등 다양한 전공의 젊은이들을 찾는다. 요즘 우리나라에서 나타나고 있는 인문계 홀대 현상은 기술 추종자에서 기술 선도자로 나아가는 조정 단계에서 나타나는 일시적인 것이라고 생각한다.

세계가 기술 기반의 사회로 급속히 발전하고 있다. 거의 모든 사회적·경제적·환경적·국제정치학적 문제점들이 과학과 기술에서부터 야기되고 있다. 아이러니하게도 그 해결방안들 또한 과학과 기술로부터 나오고 있다. 다른 한편으로는 제조업이건 서비스업이건 업종을 불문하고 이제 우리 기업들은 기술을 기반으로 한 제품과 서비스를 가지고 세계 시장을 상대로 경영활동을 하고 있다. 내부적으로 전산화가 거의 100% 진행되어 있는 금융기관도 이제는 기술을 이해해야 고객 기업에 대한 대출 판단을 할 수 있다.

그런데 인문계 대학생은 이러한 변화에 대한 소양을 쌓는 노력이 부족해 보인다. 시장에서 경쟁을 해서 돈을 벌어야 하는 기업 입장에서는 이런 성향의 인문계 대학생이나 졸업생에게 관심을 갖지 않는 것이 당연할지도 모른다. 똘똘한 이공계 출신을 뽑아 필요한 교육을 시켜 배치하면 된다는 생각을 가질 수 있다. 기업에서 일하고 싶거든 자신이 원하는 업종에 대해 적어도 기본적인 기술적 지식을 가지며 가치 사슬에 대한 이해를 하고 있어야 한다. 대학에서 수업을 듣던 전문 서적이나 잡지를 통해서 지식을 습득하건 그건 큰 문제가 아니다.

"자원 부족국가인 우리나라의 기업들은 자원을 사들이고 물건을 제조 가공하여 이익을 창출합니다. 이 모든 과정에서 이공계 지식이 필수입니다. 자원을 사기 위해서는 원·부자재에 대한 기술적 지식이, 물건을 판매하기 위해서는 제품에 대한 기술적 지식이 필요합니다. 우리나라에서는 제조업에서 가장 많은 채용이 이루어집니다. 인문계 학생이라면 이 점을 간과하지 말아야 합니다. 삼성물산이나 대우인터내셔널의 이익창출에는 외국에서의 자원 개발, 철강 판매가 높은 비중을 차지하고 있습니다. 당연히 영어를 할 수 있는 자원 및 금속·신소재 공학 전공자를 선호합니다. 이 말을 반대로 뒤집어보면, 영어를 잘하는 인문계 학생이라면 복수 전공을 통하여 기업의 인문계 기피 현상을 상당부분 극복할 수 있을 것입니다."

05 좋은 직장 선택

독특한 구직 문화

취업은 자신의 성격과 적성에 맞추어 평소 생각하고 있던 진로와 부합하는 직장을 선택하는 것에서부터 출발한다. 그런데 우리네 젊은이의 직장 선택은 자신이 미래에 하고 싶은 일이나 진로와 그리 큰 상관관계가 없어 보인다. 일부는 젊은이 자신의 문제요, 나머지 일부는 부모와 사회의 문제다.

"취업 준비를 더 철저하게 했어야 했다. 학생들은 금융권, 마케팅만 생각한다. 직장이 하늘에서 떨어지는 줄 안다. 주위의 많은 사람들은 도와주지도 않으면서, 4대 재벌, 4대 시중은행, 공기업이나 공공기관에 들어가지 않으면 좀 모자란 것처럼 생각한다." 수도권 대학의 경영학과를 졸업한 학생이 보내온 글이다.

우리네 대학생 젊은이들이 가지는 독특한 구직문화는 대기업·공공기관 취업과 전문 자격증 취득이다. 대학에 입학하는 순간부터 자신의 진로는 심각하게 고려하지 않는 채 취업이 머릿속을 지배하면서 스펙 쌓기에 바쁘고 4학년이 되면서부터는 이력서와 자기소개서 작성 그리고 취업 인터뷰 준비에 바쁘다. 요즘에는 인성·적성시험 준비까지 해야 한다. 수업과 교우 관계는 뒷전으로 밀린다. 대학도 교수들을 독려하여 학생에게 인턴십 기회를 제공해 이력서를 좀 더 풍성하게 만들어 주거나 취업지원센터를 통해 자기소개서를 좀 더 매끄럽게 해주는 것을 제외하면 별 도움을 주지 못한다.

'좋은 직장'의 선택은 다수의 경쟁자가 참여하는 게임과 같다. 좋은 직장이라는 것은 다분히 지원자 수에 비해 그 수가 턱없이 적다. 당연히 경쟁이 셀 수밖에 없다. 기업이 원하는 방향과 수준의 능력을 많이 가진 순서대로 지원자가 채용될 수밖에 없는 거다. 그런데 졸업이 임박해 오기 전까지 대학생 젊은이는 자기 자신의 위치나 경쟁력은 생각하지 않고 자신을 높이 평가하는 경향을 가진다. 직장을 정하는 데 자신의 능력이나 그동안 대학 생활에서의 갈고 닦은 능력이나 성취한 결과는 제처 두고 위만 쳐다보는 경우가 흔하다. '기회의 평등'을 '능력의 평등'으로 착각하기 때문에 나타나는 현상이다. 같은 학과 친구가 들어가니까 나도 들어가야 하고, 처음부터 좋은 회사에 들어가야 한다고, 본인도 착각하고 엄마도 착각한다. 요즘 우리 기업들이 신입 직원보다 경력직을 선호한다는 기삿거리도 별로 신경 쓰지 않는 것 같아 보인다.

연봉 3천만 원을 받는 직장도 요즘 대학생은 마다한다는 교수들의 탄식

소리가 들린다. 대학 졸업해서 대기업에 취업하면 연 4천만 원은 못 벌겠느냐는 생각이 대학 졸업을 앞둔 취업 지망생의 머릿속을 채우고 있나 보다. 지방에 연고가 있는 경우를 제외하면, 대부분의 젊은이가 지방 근무를 기피한다. 생활이 불편하고 결혼 상대를 구하기 어렵고 나중에 자식 교육이 어렵다는 이유를 든다.

"매스컴에 대졸 초임이 연봉 4,000만 원 플러스라고 하는데 이건 대기업 기준입니다. 대기업에 입사하면 아침 7시 출근에 밤 10시 퇴근이 기본입니다. 그냥 돈을 주는 게 아닙니다. 대졸 신입에게 연 4천만 원 이상 주려면 그만큼 많이 일을 시켜야겠지요." 대기업에 취업한 선배 대학생의 말이다.

취업에 그리 도움도 되지 않으면서 젊은이가 어렵게 구한 직장에 대해 주위의 사람들이 한술 더 뜨는 경향이 있다. 신문이나 TV에서 듣거나 볼 수 있는 대기업이나 금융기관, 공공기관이 아니면 가까이 있는 젊은이가 그리 좋은 직장을 얻었다고 생각하지 않는다.

현명한 젊은이라면 좋은 직장을 선택하면서 기업이 제공하는 경제적 편익과 그에 따른 사회적 지위 이외에도 자신의 능력과 삶에 대한 고려를 함께 할 수 있어야 한다. 미국 경영 전문잡지인 FORTUNE에서 매년 선정하는 좋은 직장의 기준에는 급료와 혜택보다도 경영진의 신뢰, 직무 만족, 직원 간의 우의 등이 더 중요하게 취급된다. 이런 관점에서 보면 소위 좋은 기업에서 경영활동의 뒤켠에 있기보다는 그보다 못한 기업이지만 중요한 위치를 차지하는 것이 보다 바람직한 직장 생활을 하는 것이다.

삼성전자에 취업한 대졸자의 평균 근무기간은 9.3년에 불과하다. 거의 모든 대학생의 로망이라는 기업의 근무기간이 왜 이렇게 짧을까? 평균 재직기간이 짧음에도 불구하고 왜 대학생 젊은이들이 대기업 취업에 목을 매는 현상이 나타나는 걸까? 기업 특성과 기업 근무의 실상에 대한 이해가 부족하기 때문이다. 주로 B2Cbusiness to consumer(소비자에게 직접 제품 및 서비스를 제공하는 거래 형태) 회사들, 매스컴에서 기사나 광고를 통해 나오는 대기업이나 공공기관만 생각하기 때문이다.

"SKY 대학을 나왔으니 당연히 ○○기업은 가야 한다는 말을 따랐다가 중간에 퇴사하는 경우가 많다. 경총 자료에 따르면 1년 내 신입사원 퇴사율이 25.6%에 이른다. 자기가 진짜 원하는 일과 직장을 찾아야 한다. 내가 하고 싶은 일이 무엇인지 스스로에게 묻고 적으며 일정 주기로 업데이트하라고 권하고 싶다."

언젠가 함께 일했던 어느 고위직 공무원은 "아들이 하나 있는데 ○○ 회사에서 바쁘게 지내는 것이 싫어 △△ 회사로 자리를 옮겼는데, 손자와 야구 경기장에도 갈 수 있고 사람다운 생활을 할 수 있게 되었다고 아주 좋아하더라"는 이야기를 자랑스럽게 들려준다. 직장 생활을 몇 년 경험하면서 결국은 일과 가정을 양립할 수 있는 직장으로 옮겼다는 이야기다. 세계적인 기업인 DuPont의 아시아지역 HR 책임자를 역임했던 글로벌인재경영원장은 직장 새내기를 위한 강연에서, 〈Career's Best = Personal Interest ∩ Organizational Need〉라는 이야기를 들려주면서 공통부분이 클수록 행복한 직장이라고 강조한다. 자기가 하고 싶은 일을 하면서 돈도 벌고 명성도 얻을 수 있으면 그것이 최고의 직장이라는 논리다.

"대중매체에서 보이는 기업이 다 좋은 건 아니다. 일반 소비자보다는 기업간 거래를 주로 하는 B2Bbusiness to business기업들 중에는 세계적으로 알려져 있고 재무적으로 건실하고 훌륭한 기업이 많다. ○○○, △△△ 같은 회사가 젊은이들이 대기업을 그만두고 들어가는 기업들"이라고 말하는 선배의 제언을 흘려듣지 않았으면 좋겠다.

중견기업이나 강소强小기업에 취업하는 것이라고 해서 쉬운 것은 아니다. 적어도 회사가 원하는 기본 조건은 충족시켜야 한다. 회사가 원하는 능력을 보증하는 최소한의 스펙을 갖추고 직무 전문성을 쌓아야 한다. 이 스펙은 '나를 증명할 수 있는 스펙', 즉 전공에 대한 전문성과 연관된다.

내가 오래 살까? 회사가 오래 살까?

의학 기술이 급격하게 발전하면서 이제는 인간 수명이 평균 80세를 넘기 시작했다. 그런데도 많은 대학생이 '자신보다 회사가 더 오래 살 것이다'라고 여전히 착각한다.

박사과정의 지도교수였던 데이비드 프레임David Frame 교수를 만난 첫 수업에서의 첫 놀람은 1896년 미국 증시를 대표하는 다우존스 산업지수Dow Jones Industrial Average, DJIA를 구성했던 12개 기업 중 남아 있는 기업이 단 하나

General Electric이라는 것을 듣는 순간이었다. 당시에 우리나라에는 그런 정보가 없었으니까. 한국산업기술진흥협회에서 주관한 '글로벌 포럼 2014'에 연사로 나온 3M의 중국계 미국인 존 리우Joe Liu 상무는 기업의 지속적인 성장을 이야기하면서 프레임 교수와 비슷한 이야기를 전한다. 1976년 DJIA 30개 기업 중에서 오늘까지 남아 있는 기업은 7개뿐이라고 이야기하면서 기업의 흥망성쇠가 점점 빠르게 진행되고 있다는 점을 강조한다.

우리나라의 경우도 예외가 아닌 것 같다. 삼성그룹의 효시인 삼성상회가 설립된 것이 1938년 3월 1일이었다. LG그룹의 효시인 락희화학공업사가 창립된 것이 1947년 5월이다. SK그룹의 모태인 선경직물이 문을 열은 것은 1953년 10월이다. 모두 80년이 안 됐다. 지난 30여 년 동안, 이제는 이름도 기억하지 못하는 당대의 많은 기업들이 무너져 갔다. 앞으로는 기술 발전이 대단히 빠르게 진행되면서 시장이 폭넓게 요동치면서 기업의 흥망성쇠가 더 가파르게 나타날 것이다.

이러한 현상은 무엇을 의미하는가? 자신의 직장 생활을 지금보다 길게 내다보면서 진로와 직업을 연령 단계별로 생각해야 한다는 뜻이다. 한 가지 직업을 가지고 평생을 살기가 앞으로는 어려워졌다. 청년, 중년, 노년에 따른 직장인, 생활인으로서의 자신의 모습을 그려보아야 한다. 그에 따른 준비를 대학을 다니면서도 졸업 후 직장 생활을 하면서도 지속적으로 해야 한다.

'좋은 직장'의 선택이 현재 잘나가는 기업이나 공공기관 중 하나를 정하는 것을 의미하는 것은 아니다. 직장을 구할 때 '10년 후를 보라'는 이야기는 아주 오래전부터 회자되어 왔다. 물론 전자·정보·통신·컴퓨터 등 일부 분야에서는 지식과 기술이 하루가 다르게 진보하면서 기업의 흥망성쇠가 예측하기 어렵게 되면서 '10년은 너무 길다. 5년 후를 보라'는 이야기가 나돌기도 한다. 그럼에도 현재 잘나가는 분야나 기업보다는 미래에 가능성이 높은 분야나 기업을 택하라는 권고는 아직도 유효하다. 당신이 20대인 지금 시점에서 잘나가는 기업이 당신이 한창 일을 해야 하는 40대 중반에는 쭉정이가 되어 있을 가능성이 높기 때문이다. 지금의 삼성전자도 2000년대에 들어서기 전에는 최고의 기업이 아니었다.

여러 기관에서 미래의 직업에 대한 자료를 틈틈이 제시한다. 모두 그럴듯한 이야기이다. 참고적인 자료로 잘 활용하면 좋을 것이다. 그런데 조심해야 할 부분이 존재한다. 미래 직업과 관련하여 언론에서 제시하는 것은 일반 대중을 향한 기사나 멘트일 뿐이다. 자신에게 맞는 것인지는 한걸음 뒤에서 생각해 보아야 한다.

미래에 각광을 받을 직업 중의 하나로 심리상담사가 여러 번에 걸쳐 제시되었다. 그런데 올 봄 어느 언론사에서 심리상담사에 대한 분석 기사를 내놓았다. 장기적으로 인력에 대한 수요도 크고 보람도 큰데 투자한 시간과 노력에 비해 소득은 낮다는 것이다. 평균 연봉의 상위 25%가 3,000만 원, 중위 50%가 2,500만 원, 그리고 하위 25%가 2,200만 원 정도의 수입을 올린다고 한다. 그런데 심리상담사들의 60%가 대학원을 졸업했다는 이야기를 덧붙인다.[9]

우리나라의 경우 거의 모든 대학생에게 창업은 고려 대상이 아닌 것 같다. 기업가 정신이 부족하다는 암시다. 서양은 물론 중국이나 일본의 젊은이들보다도 창업에 대한 선호도가 떨어진다. 우리 젊은이들이 직업에 있어서 신중해서라기보다는 진취성, 도전성이 부족하기 때문이라고 생각한다. 창업보다는 월급쟁이가 그중에서도 정년 혹은 높은 연봉이 보장되는 대기업이나 공공기관에 취업하려는 성향이 사회 전반적으로 강하게 작용하기 때문일 것이다. 취업을 하고 직장 생활을 몇 년 경험해 보기 전까지는 "기껏 공부 힘들게 해봐야 장사하는 사람보다 대접 못 받는다"는 생각은 아예 상상조차 하지 않는다. 창업을 하면 자신의 진로를 확실하게 반영할 수 있고, 취업 준비, 남과의 치열한 경쟁을 안 해도 된다는 사실은 염두에도 없다.

'총각네 야채가게'로 알려진 이영석 대표는 자기가 잘할 수 있는 것을 뒤늦게나마 솔직하게 깨닫고 행상으로 진로를 바꿔 성공한 것으로 알려져 있다. 대학에서 레크리에이션을 전공하고 이벤트 회사에 취업했지만, 변변한 학연과 지연이 없는 탓에 회사에서 인정받지 못하고 6개월을 견디지 못하고 회사를 뛰쳐나왔다. 실직 후에 우연히 한강서 만난 오징어 장수를 보면서 '저 일을 내가 하면 참 잘할 수 있겠다'고 자신의 능력을 깨닫고 오징어 행상을 시작으로 바나나·야채 행상으로 독립했다. 행상 2년 만에 서울의 노른 자리 상권인 강남 대치동에 가게를 낼 수 있었고 건실한 기업으로 승승장구할 수 있었다.

학업 성적이 떨어져 대학입시에서 고민하고 대학 졸업을 앞두고 취업에 어려움을 겪는 젊은이들에게 "SKY 대학 나온 사람들에게 기죽지 말고 창업해서 성공해 좋은 인재들을 데려다 쓸 생각을 하라"고 권하고 싶다.

06 전문가보다 전문직을 꿈꾼다?

전문직의 어려움

"더 잘살기 위해 노력해서 전문가가 되었는데, 정작 우리의 삶은 왜 이렇게 힘드니?"라는 불평을 하지만 아직도 전문직은 우리 젊은이의 로망이다. 높은 수입과 사회적 지위를 거머쥔다고 생각하기 때문이다. 여기에 우리나라 기업에서 '월급쟁이'로서 수없이 경험하게 되는 '주종主從 문화' '갑을甲乙 문화'에서 비교적 자유스러울 수 있다는 것도 큰 매력으로 작용한다. 그래서인가? 우리나라 대학생 젊은이가 졸업 후 희망하는 직업 중에서 전문직이 기업체 취업(35%)에 이어 2위(29%)를 차지한다. 3위인 공무원 15%보다도 높다.

전문직은 특정분야에서 전문적인 지식이나 기술이라는 전문성을 필요로 하는 직종을 일컫는다. 일반적으로 국가에서 자격을 부여받고 해당 분야에서 지식과 경험을 업業으로 하여 서비스를 제공하고 반대급부를 받는 사람들을 의미한다. 의사, 법률가, 변리사, 공인회계사, 관세사, 세무사, 법무사, 건축가, 감정평가사, 기술사, 노무사 등이 이 범주에 포함된다. 그러나 통상 대학생 젊은이가 생각하는 전문직이란 높은 수입이 보장되면서 사회적으로도 대접을 받는 직업을 의미한다.

전문직과 전문가는 다르다. 어떤 분야를 연구하거나 그 일에 종사하여 그 분야에서 상당한 수준의 지식과 경험을 가진 사람을 전문가라고 일컫는다. 전문가의 경우 고소득이나 사회적인 지위의 향유가 보장되지 않는 경우도 많다. 따라서 대학생 젊은이가 원하는 직업으로서의 희망은 전문가보다는 전문직을 선호하는 것으로 보아야 한다.

분야를 막론하고, 남들이 알아주는 명실상부한 전문가가 되기 위해서는 타고난 재능과 천재성을 기본으로 한다. 전문직이라고 하더라도 한 분야에서 성실하게 10년은 일을 해야 그 분야에서 이름난 전문가가 될 수 있다. 말콤 글래드웰Malcolm Gladwell은 하루에 3시간, 일주일에 20시간, 그렇게 10년간 꾸준하게 한 분야에 총 1만 시간을 투자한다면 그 분야에 최고가 될 수 있다는 '1만 시간의 법칙'을 제시하고 있다.

전문직을 얻기 위해 대학생 젊은이는 어떤 마음을 가져야 할까? "직장에 들어오니 삶에 대한 책임감과 무게가 갑자기 증가한다. 월급은 책임이고 책임을 못 지면 낙오하고 결국은 퇴사할 수밖에 없게 되더라"고 고백하는 젊은이의 이야기를 귀담아 들을 필요가 있다. '월급=책임=책임 못 지면 낙오·도태·퇴사'인 곳이 바로 자본주의 사회에서의 직장이기 때문이다. 전문직의 경우 이런 현상은 좀 더 심하게 나타난다.

어느 컨설팅 기업의 자문교수로 봉사하던 시절, 직원 야유회에 참가한 적이 있다. 운동이 끝나고 저녁에 모두 모여 직장 분위기를 업up 시키기 위한 토론이 벌어졌다. 미국 아이비리그 대학에서 생명공학 분야의 박사학위를 받은 젊은 여성이 이야기를 주도하면서 이야기는 사使가 노勞를 위해 좀 더 나은 직장 환경을 제공해야 한다는 교과서적인 주장으로 결론이 나고 있었다. 수긍이 가는 주장이기는 하나 과연 맞는 이야기인가에 대해서는 의문이 들었다.

말을 꺼냈다. "적어도 자기 몫은 해야 한다. 그것이 전문직에 대한 정의다. 주어진 일, 맡은 일을 자신이 깔끔하게 처리할 수 있어야 한다. 자기 몫을 하지 못할 경우 팀의 일정에도 문제가 발생하게 되고 같이 일하는 팀원들이 힘들게 된다. 결국에는 일을 같이하는 것을 기피한다. 남을 도울 수는 없어도 자기 일은 책임질 수 있어야 한다. 그것이 신나는 전문직 직장의 시작이다." 아무도 이야기를 추가하지 않는다. 아마도 직장에서 이미 충분히 경험하고 있기 때문이리라.

전문가는 어느 분야이든지 발군의 실력을 가진 직업인인 반면 전문직은 몇 개의 특정한 직업들을 가리킨다. 젊은이들이 선호하는 요즘의 최고 전문직으로는 직업상 안정되고 고소득이 보장된다고 언론에 회자되는 의사, 법률가, 변리사, 공인회계사, 그리고 투자은행 직원이 꼽힌다. 고소득과 명예가 기대되니 결혼에 있어서도 좋은 조건이 된단다.

전문직의 겉과 속

그러면 전문직에 종사하는 젊은이는 모두 행복한가? 돈을 많이 벌고 사회적으로도 대접을 받을 수 있는가? '예스'일 수도 '노'일 수도 있다.

우선, 전문직은 엄청나게 바쁘다. 가히 살인적이다. 전문가가 되기 위해서는 1만 시간의 법칙이 적용되지만, 전문직에 종사하는 경우 그 분야에서 전문가가 되기 위해서는 그 정도로는 어림도 없다. 적어도 3배 이상의 노력을 더해야 한다. 늦은 밤에도 주말에도 사무실에 나와 있거나 집에서 일해야 한다.

주변에 변호사 자제를 둔 엄마를 만나보면 사법시험 준비를 할 때에는 시험 공부하느라 얼굴을 자주 못 보았는데 변호사가 된 후로는 일이 너무 바빠 거의 매일 밤 12시를 넘어 귀가하기 때문에 정말로 얼굴 보기가 어렵단다. 대학병원에 가 보면 흰 가운 주머니에 아침 먹을 것을 사놓고도 시간이 없어 오전 11시가 다 되도록 손도 대지 못하고 있는 인턴, 레지던트를 심심치 않게 볼 수 있다. 언젠가 같이 일해 본 우리나라 제일의 회계법인의 회계사들도 6년차인데도 불구하고 툭하면 지방에서 며칠씩 일하는 경우가 많고 서울에 돌아오더라도 밤 늦어서야 집에 들어가기 때문에 방금 결혼한 새댁은 물론 갓 태어난 아이도 못보고 지낸다고 하소연을 한다. 언젠가 젊은 회계사들과 함께 부산을 출발하여 거의 자정이 다 되어 서울역으로 돌아온 적이 있었다. 헤어지면서 늦게까지 영업을 하고 있던 근처 대형 마트에서 케익을 사 하나씩 안겨주었다. 어찌나 고마워하던지….

비즈니스 석을 타고 2박3일 런던 출장을 가는 전문직 종사자를 보면서 대학생 젊은이는 단순히 '멋지다!'고 생각한다. 하지만 그 이면의 고단함을 모르고 하는 소리다. 인천공항 검색장에서 본 모습이다. 30대 후반으로 보이는 젊은이가 공항 보안검색을 받으려고 기다리면서도 한손에 노트북을 들고 엑셀 데이터를 정신없이 들여다보고 있다. 다른 손으로는 무거운 가방을 쥐고 있다. 잠시려니 생각했는데 그는 거의 검색대에 갈 때까지 노트북에서 눈을 떼지 못한다. 그날은 여행객이 비교적 많아 검색에 상당한 시간이 걸렸다. 비행기를 타서도 계속 일을 하겠구나 하는 생각에 안 됐다는 마음이 앞섰다.

과연 전문직으로서의 바쁜 삶이 바람직한가? 눈높이를 낮추라는 것이 아니다. 자신의 미래, 그리고 삶에 대해 깊은 생각을 해보라는 이야기다.

요즘 젊은이는 삶에 대한 생각, 직장에 대한 생각이 많이 달라졌다는 이야기를 심심치 않게 듣는다. 자신의 시간을 소중하게 생각하면서 인생을 즐겁게 살고 싶은 욕망이 과거보다는 커졌단다. 그런데 전문직을 선호하는 젊은이는 전혀 줄지 않을 뿐 아니라 도리어 늘고 있다. 과거에 비해 채용 인원이 현격하게 늘면서 지원자가 몰리는 것도 하나의 원인일 것이다.

왜 이런 현상이 나타나고 있는 것일까? 전문직을 가지면 인생을 더 편안하게 살 수 있을 것 같아서 혹은 직장 생활을 하면서 상사의 간섭을 덜 받는다고 생각해서인가? 그렇다면 똑똑한 바보다. 같은 조건에서 공급이 늘면 가치는 현저하게 추락한다. 전문직의 한계점을 알아야 한다.

첫째로 전문직은 일반 직장인이 승진하면서 향유할 수 있는 '조직의 단맛'을 경험하기가 쉽지 않다. 업무 다양성의 폭이 크지 않다. 전문직은 직장 초기부터 독방을 가지는 경우가 간혹 있다. 자신이 맡은 일을 정확히 주어진 시간 내에 한다는 전제하에, 상사로부터의 간섭 최소화라는 특권도 누린다. 젊은 나이에도 불구하고 직장에서 편한 환경에서 편한 마음으로 일할 수 있다. 시간의 범위를 짧게 본다면 맞는 이야기다. 그런데 시간의 범위를 조금 더 길게 본다면 이야기가 다르다. 대부분의 전문직은 젊을 때나 경력이 쌓여서나 아주 높은 위치에 있지 않은 한 거의 마찬가지 수준에서 일을 해야 하는 직업적 특성을 가진다. 기업이나 공공기관에서처럼 직급이 올라가면서 권한도 많아지고 직접 일을 하기보다는 하급자를 관리하는 일이 많아져서 훨씬 편한 입장에 있게 되는 것과는 거리가 멀다.

다음으로는 수입이다. 전문직에서 요즘 새롭게 소득의 양극화 현상이 나타나고 있다. 고급 인적 자원에 대한 시장 보상이 큰 폭으로 증가하면서 같은 분야에서 소득이 아주 많은 사람과 소득이 별로 없는 사람으로 극명하게 나뉜다. 연 수입 평균이 4~5억 원이고 많이 받는 사람은 10억 원도 받는다지만, 변호사, 회계사, 세무사, 관세사, 건축사, 변리사, 법무사, 감정평가사, 의료업 등 전문직 사업자(곳) 10만 1,050명 중 한 달에 2백만 원도 못 번다고 신고한 전문직 종사자 수가 2014년 기준으로 1만 337명이다. 이 정도면 전문직의 위기다. 왜? 공급과 수요가 일치되고 있지 않기 때문이다. 전문 서비스의 수요는 굼벵이처럼 증가하는데 전문직 종사자의 공급은 달음박질 수준으로 늘고 있다. 기대소득을 낮추면 전문직의 길은 무궁무진하다는 격려도 있다. 반면에 상위 성적의 전문직 종사자들에게 시장에서의 기회는 과거보다 훨씬 더 커지고 있다.

주변의 많은 대학생들이 전문직 자격을 얻기 위해 열심히 공부한다. 세무사, 관세사, 법무사, 노무사, 변리사를 꿈꾸는 학생들과 대화를 하면서 가끔 들려주는 말이 있다. “자격증을 따면 공무원이 되어 몇 년 근무하면서 인적 네트워크를 쌓도록 하라”는 것이다. 공무원 출신 세무사, 관세사, 법무사, 노무사, 변리사들이 해당 분야의 시장을 장악하고 있는 우리나라의 현실을 감안해서 들려주는 이야기다. 아니면 차라리 세무직, 관세직, 법원행정직, 노무직, 특허직 공무원 시험 준비를 하라고 권한다. 특정 집단 내에서의 인간관계 형성도 미리 할 수 있고 자격시험에서 특혜도 받을 수 있다.

PART 04

취업 이야기

대학 졸업장을 알아주던 시대는 지나갔다. 이제 '좋은 직장'은 남이 아닌 내 마음에 있다. 고용 행태가 보이는 스펙에서 보이지 않는 스펙으로 변한다. 후보 직장에 대한 집중도를 높이고 취업 준비를 더 일찍 시작해야 성공할 수 있게 되었다. 기업이 필요로 하는 인재는 따로 교육할 필요 없이 기본적 소양을 갖추고 글로벌 환경 변화에 적극적으로 대응할 수 있는 젊은이다.

01 취업문은 정말 좁아지고 있는가?

좁아지는 취업문

부모 세대는 절대적인 수준에서 먹고살기가 어려웠다. 일부 젊은이들만 대학에 진학할 수 있었다. 그러나 경제가 지속적으로 성장하고 있었기 때문에 대학을 나오면 취업의 기회가 많았다. 대학 졸업자에 대한 사회적 수요가 공급보다 많았다.

1980년에는 대학 졸업생이 10만 명이었다. 2013년에는 그 숫자가 55만 명이다. 인력 공급이 확 늘어버렸다. 그런데 우리 경제체제도 바뀌었다. 1970년대에는 10억 원의 부가가치를 창출하면 새로운 고용을 111.2명이나 창출했는데 2010년대에는 25.3명으로 그 숫자가 1/4 수준으로 확 줄어버렸다. GDP가 200% 늘어봐야 고용은 20% 증가에 그친다는 이야기다.

328개 일반대학과 전문대학에서 매년 48만 명 이상의 졸업자가 배출되고 있다. 2023년까지 17만 명의 대학생을 줄이기 위한 대학구조개혁 작업이 끝나기 전까지는 대학 인력 공급·수요 간의 갭이 지속될 것이다.

인력 공급·수요 간의 불균형과 취업 전선에서의 격세지감을 어느 언론사가 기사화했다. 1992년에 서울대 인문학과를 졸업한 젊은이(평점 2.7, 어학점수 없음, 1종 운전면허 자격증 보유)는 대학 추천을 받아 대기업에 쉽게 취업했지만 2014년에 같은 학과를 졸업한 젊은이(평점 3.6, 토익 965, 컴퓨터 등 4가지 자격증 보유, 독일 교환학생 6개월, 교육 봉사 100시간)는 대기업과 공기업 23곳에 지원했지만 모두 불합격했단다.[10]

여기에 국내·외 일자리의 역전이라는 더 심각한 이야기가 더해진다. 우리 기업의 해외 현지 채용인력이 가파르게 증가하고 있다. 세계화가 급속하게 진행되는 가운데 우리나라 안에서의 투자는 힘들어지고 해외 시장에서의 생산 확대가 절실해졌기 때문이라는 기업의 설명이다. 삼성전자의 경우, 2010년에는 국내와 해외에서의 채용 인원이 각각 9만 5천 명으로 거의 같은 수준이었는데 2013년에는 국내 9만 5,798명 대 해외 19만 486명으로 차이가 확 나버렸다. 앞으로 '국내 축소-해외 확대'의 경향은 당분간 더 지속될 것 같다.

과거처럼 경쟁력 없는 업종만 해외로 나가는 것이라고 생각한다면 그건 큰 오해다. 삼성 소프트웨어 인력은 2011년 국내 1만 8,493명, 해외 9,396명이었는데 2013년에는 2만 97명 대 2만 409명으로 바뀌었다. 최첨단이라고 하는 미디어 콘텐츠 개발도 기반을 해외로 옮겼다. 삼성전자 IT·모바일 부문에 있던 미디어솔루션센터는 아예 국내 조직을 해산하고 미국 실리콘밸리에 있는 MSC 아메리카를 축으로 중국·일본 등 해외 거점만 유지하기로 했단다.[11]

이제는 시대가 바뀌어 대학 졸업장을 알아주지 않는다. 대학 졸업장을 알아주지 않는 정도가 아니라 대학에서의 교육 내용과 수준을 그리 믿지도 않는다. 왜? 기업의 지적 수준이 대부분의 대학보다 훨씬 앞서고 있기 때문이다. 예전에는 기업이 무슨 실험이라도 한 가지 하려면 대학 실험실에 의뢰하곤 했다. 이제는 기업의 실험 기자재 보유 수준이 대학보다 훨씬 높아 대기업이나 중견 기업의 경우 그런 일이 거의 발생하지 않는다. 예전에는 전문 인력을 기업이 보유하기 어려웠지만 지금은 필요하면 즉시 채용한다. 기업의 연구 능력이 공공연구소나 대학을 양적, 질적 측면에서 모두 앞서고 있다. 어느 대기업 중앙연구소의 경우는 박사급 연구자의 수가 천 명을 훨씬 넘어 우리나라 대부분의 대학이 보유한 박사학위 소유자 숫자보다 많다.

그래서인지 예전에는 기업이 대학을 찾아와 졸업생을 보내 달라고 통사정을 했다는데 요즘엔 대학교수가 기업을 찾아가서 졸업생을 뽑아 달라고 통사정한다. '예습보다는 복습, 토론이나 질문보다는 노트필기, 내 생각이 아닌 교수의 견해대로 과제와 시험답안을 작성하는 것에 익숙하도록' 교수가 학생을 잘못 가르친 죄가 크다.

기업은 다른 기업들과 경쟁하면서 돈을 벌어야 한다. 사회가 변하고 고객의 니즈가 변하면 즉시 변신하는 민첩함이 몸에 배어 있다. 사회·고객이 변하면 기업이 변하는 수준이 아니라 사회·고객이 변할 것을 예상해서 스스로 먼저 변모하는 경우가 다반사다. 일단 신입생을 받아들이면 4년 혹은 2년은 유지해야 하는 대학의 제도와는 큰 차이가 있다.

제2의 경제the second economy(2만 명이 근무하던 중국 공장에서 로봇을 도입한 뒤 100명의 직원만 남는 것이 대표적인 사례)가 기존의 많은 인력을 대체하면서 이제 기업은 많은 지식보다 문제해결 능력을 가진 소수의 '특별한' 대학 졸업자를 선호한다. 그 결과 기업에서 인재를 채용하면서 별로 중요하지 않게 생각하는 것이 바로 전문 지식expertise이 되어가고 있다. 인재는 지식이었고 지식이 곧 인재였는데, 과학과 기술의 발전에 따라 전문 지식의 효용이 그리 크지 않고 인터넷상에서 쉽게 접근이 가능해진 것도 큰 이유이다.

"이제 세상은 인터넷 스피드로 빠르게 움직인다. 그것은 기업이 활동을 하고 인재를 채용하는 데 있어 민첩해야 한다는 것을 의미한다. 우리는 많은 것을 잘하는 젊은이, 큰 도전을 사랑하며 큰 변화를 환영하는 젊은이를 찾고 있다. 우리는 단순히 특정한 분야의 전문가를 많이 보유할 수가 없다." 구글의 이러한 인사모토는 구글이 찾는 최고의 인재에 대한 기준을 명확히 해준다. "전문 기술이 아니라 대세를 파악하는 시각이 능력을 우선한다. 간부는 전문 분야에 정통한 것만으로는 충분치 않다. 그들은 불충분한 조건에서도 목표를 성공적으로 정착시켜야 한다." 8,669만 명의 당원과 420만 개 조직의 인사를 총괄하는 중국 공산당 중앙조직부가 인재 등용에 있어 강조하고 있는 기준도 구글의 인사모토와 맥을 같이한다. 기업이나 공공기관 모두 치열한 경쟁에서의 생존을 위해서는 인재 확보에 관한 한 마찬가지 입장인 것 같다. 선제적proactive 인재양성에 열을 올리고 있다.

최근까지도 기업은 신입사원 채용에서 영어, 해외 연수 경험, 인턴 경험, 자격증, 공모전 입상 등의 다양한 스펙을 요구해 왔다. 이제는 창의성, 문제해결 능력, 리더십, 현장 경험 같은 것들을 요구하기 시작한다. 보이는 스펙에서 보이지 않는 스펙으로의 획기적인 변화다. 그것도 너무 짧은 시간에 변화하니 취업을 앞둔 대학생은 적응하기가 어렵다. 졸업을 앞둔 젊은이가 허둥대고 헐떡일 수밖에 없다.

취업이 점점 더 어려워지면서 취업 준비를 더 일찍 시작해야 성공할 수 있게 되었다. 지원하려고 생각하는 기업들에 대한 집중의 필요성도 높아지고 있다. “지원 분야에 대한 이해와 열정은 학교와 스펙을 이긴다. 하루라도 빨리, 가고자 하는 분야를 선택해서 지식과 경험을 쌓고 그것을 증명했을 때 기업은 그 젊은이를 뽑는다. 해당 분야의 경험을 갖고 있다는 것은 지원한 분야에 열의와 지향을 갖고 있다는 걸 보여주는 증거”라고 삼성그룹의 대학생 멘토 집단인 청년도사들은 이야기한다.[12] 다양한 능력을 쌓기보다는 특정 분야에서의 전문성과 실천 능력을 갖기 위한 노력을 하는 것이 경쟁력을 가진다. 흔한 말로 선택과 집중을 하라는 뜻이다.

기업의 인력 채용에 대한 방식도 바뀌고 있다. 불확실한 경영환경 속에서 시장 쟁탈을 위한 기업 간 경쟁이 점차 치열해지기 때문이다. 신입 직원 중심의 채용에서 ‘신입 직원+경력 직원’의 채용으로 옮겨 간다. 우리나라 300대 기업 10곳 중 4곳이 신규 채용인원의 절반 이상을 '올드 루키'라고 하는 경력사원으로 뽑는다. 많게는 1인당 연 6천만 원이 들었던 교육훈련비도 아끼고 쉽게 현장에 투입할 수 있다는 이점이 있단다. 결과적으로 점차 적어지고 있는 자리를 놓고 선·후배 간에 바짝 날을 세우는 경쟁이 일어난다. 대학 문을 이제 막 나서려는 대학생의 입장에서는 최악의 시나리오인 셈이다.

기업의 인력 수요에 대한 내용도 변하고 있다. 우리 기업의 해외사업 비중이 커지면서 직원들을 해외로 파견해야 하는 일이 많아졌기 때문이다. 우리 젊은이들을 서양의 선진국이 아닌 중동이나 동남아 등 개발도상국에 보내는 것에 대하여 울화통을 터뜨리는 사람도 있다. 그러나 우리 시장의 규모, 우리 경제의 구조적 취약성을 감안한다면 시장이 있는 곳으로 우리 젊은이들이 자발적으로 나아가 주어야 한다. 과거에는 기업 본사에 앉아 기획하는 업무가 중요했다면 이제는 시장을 뛰어 돌아다니면서 수익을 창출하는 업무가 더 중요해졌다.

예전에는 해외에 나간다는 것이 우리나라 인력들이 해외에 나가 직접 힘들게 일하는 것을 의미했다. 지금은 일을 직접 하기보다는 다른 나라에서 온 작업자들을 일을 잘하도록 지도하고 관리하는 것이 주된 임무다. 국내에서는 가능하지 않은 업무 담당이 해외에서는 가능하다. 해외사업 현장의 이질성difference, 다양성diversity이 확대되면서 다양한 현장 경험 없이는 사업 계획조차 작성하기가 어렵다.

눈을 낮추면 직장이 보인다

요즘 대학생이 이야기하는 '좋은 직장'이라는 것을 대략적으로 추산해보자. 10대 재벌 그룹 기업군 2만 명, 30대 재벌 그룹 기업군 1만 명, 중견 기업 2만 명, 공기업 및 공공기관 1만 7천 명, 4대 시중은행 1천 5백 명, 5급 및 7급 국가직과 지방직 공무원 1,260명 등을 모두 합해 약 7만 명 정도다. 경기가 나쁘면 이보다 적을 수도 있다. 기업은 점점 사람을 안 뽑는다. 중견기업들의 어려움이 한몫을 한다는 소식도 들린다.

사업이 해외로 확장되고 있는 가운데 국내에서도 제2의 경제가 더 빠른 속도로 작동하고 있다. 기성세대가 고령화하면서도 경제적 혹은 기타의 이유로 당분간 더 일하기를 원하기 때문에 젊은이들에게 쉽게 자리를 물려줄 것 같지도 않다. 결국 점차 줄어드는 자리를 놓고 젊은이들 간의 경쟁이 치열해진다. 더 큰 문제는 취업 시장의 변화를 감지하고 방향을 맞춰가면서 노력하는 젊은이가 많지 않다는 것이다.

그러면 우리 대학생 젊은이에게 필요한 취업의 답은 무엇인가?

첫째, 자기만의 특별한 것을 만드는 노력이다. 취업이 어렵다면서 남들과 똑같아서는, 똑같이 해서는 승산이 없다는 것은 당연한 이치다. "희소성의 원칙입니다. 뭔가 자신만이 갖고 있는 고유한 것에 집중해야 합니다. 기술이나 지식 등 남들이 갖고 있지 않은 자신만의 고유한 특성을 이력서와 자기소개서 초반에 언급해야 합니다." 『설득의 심리학 완결편』을 펴낸 미국 아리조

나 주립대의 로버트 치알디니Robert Cialdini 교수의 조언이다.[13]

제한된 자리를 놓고 하는 경쟁에서는 튀어야 한다. 남들이 한다고, 남들이 좋다고 해서 나도 그냥 해본다면 남들 눈에 그리 띄지도 않고 잘하는 것 같아 보이지도 않는 것이 당연한 이치다. 그런데 그냥 튀어서는 안 된다. 적어도 취업하고 싶은 기업의 가치와 자신의 가치가 일관성은 가지고 있어야 한다.

둘째, 내 순번을 놓치지 않는 것이다. 대학 졸업을 늦추지 말고 가능하면 사회에 곧바로 나가서 현장 경험을 쌓는 것이다. 대학에서 몇 년을 더 허송세월하는 것보다 사회에 나가 기대에 조금 못 미치는 일이라도 우선 생산적인 생활을 시작하는 것이 장기적으로 더 잘하는 일이다. 경험을 쌓아 원하는 기업으로 옮겨가도록 해라.

지방자치단체의 부지사를 역임한 지인이 들려준 이야기다. 어느 젊은 여성이 SKY 대학에서 영문학을 전공하면서 작가를 꿈꾸었다. 여러 가지 어려움을 겪으면서 작가의 꿈을 포기하고 영화사에 들어가 일을 하게 되었다.(이야기는 안 하지만 이런저런 궂은일을 한 것 같아 보였다.) 그 와중에도 콘텐츠와 프로젝트 관리에 대해 눈이 뜬 모양이다. 우연한 기회에 네이버에 취업을 하게 되었고 몇 년 동안 열심히 하면서 경력을 쌓았다. 최근 구글 코리아의 중간 관리자로 자리를 옮겼다. 본인의 적극성과 노력 그리고 일의 성격이 잘 맞아떨어진 경우다.

셋째, 해외로 눈을 돌리는 것이다. 매년 2천만 명의 새로운 시장이 개발도상국가에서 형성되고 있다. 이들을 상대로 하는 직업과 직장이 해외에서 새롭게 만들어지고 있다. 여기에 더하여 과거에 선진국 사람들이 맡았던 일들이 이제 우리에게 열리고 있다. 사우디아라비아 대사를 역임했던 어느 외교관은 "중동에 가서 근무를 해 보니 과거 유럽 사람들이 맡았던 일들을 이제는 우리 기술자들이 하고 있다. 우리 젊은이들이 이곳에 와서 경험을 쌓아 외국 기업에서 고위직에 오를 수 있는 길이 열리는 것 같다"고 말한다. 밖으로 나가면 능력 발휘의 기회가 얼마든지 있다는 이야기다. 우리의 경우 역사적으로 국내보다는 해외의 시장이 훨씬 더 크다. 더 큰 시장에서 경험 쌓고 돌아오면 천하무적이 된다.

"해외법인을 가지고 있는 대기업의 경우 현지채용 인력을 늘리고 있습니다. 우수한 현지 채용인을 본사에서 고용하는 인사제도가 속속 생겨나고 있습니다. 해외이기 때문에 한국인이 가질 수 있는 기회가 무척 많습니다. 대기업의 해외법인 같은 경우에는 영업과 마케팅, 기술에 관한 부문은 해당 국가의 인력으로 메울 수 있지만, 인사·재무·구매와 같이 본사와 긴밀한 연락이 필요한 부문에서는 한국인 직원이 꼭 필요합니다. 때문에 직급과 연차와 비교하였을 때 동년배의 국내 근무자보다 더 많은 업무 권한을 가질 수 있습니다. 중소기업의 경우에도 더 큰 시장에서의 가능성을 찾을 수 있으며 창업으로 연결되는 경우가 높습니다." 해외 현지에서 일하고 있는 졸업생이 보내온 글이다.

우리 젊은이들의 취업문이 좁아지고 있는 것도 사실이지만 사회 발전에 따라 기회가 다양해지고 있는 것 또한 사실이다. 세상은 넓고 할 일은 많다. 정말로 중요한 것은 대학 초기에 자신이 나아가야 할 방향을 정확히 잡는 것이다. 시작점의 1센티미터 차이가 100미터 밖에서는 10미터 이상 차이가 난다.

02 기업이 찾는 인재상은 누구?

기업에 대한 이해

기업에 들어가려는 젊은이가 있다면 기업에 대한 이해를 먼저 해야 한다. 경영학을 전공했으면 모를까, 대부분의 대학생들이 기업의 생리를 모르는 채 대학문을 나선다. 취업이 확정되면 몇 주, 몇 달 간의 교육을 받은 후 부서 배치를 받고 업무 현장에 투입된다. 자기 부서가 무엇을 하는 곳인지, 회사가 무슨 일을 하는지 자세히 알 겨를이 없다. 직장에 들어가서도 젊은이들이 대학에서 교수와 하던 방식의 연장선으로 인식하여 업무에 임하는 경향이 있다. 기업에서 임원까지 승진하는 '성공한 직원'이 되기 위해서는 업무 지식보다 회사가 어떤 곳인지를 먼저 알아야 한다.

회사는 사람이 모이는 곳이다. 영어의 'company'는 친구라는 뜻이다. 따라서 무엇보다도 사람을 다루는 기술이 중요하다. 대부분의 기업은 주식회사로서 주주가 회사를 소유한다. 최고 경영자를 포함한 임원이나 직원은 주인이 아니다.(그러나 황제경영이 일반화되어 있는 우리나라 기업의 경우 오너 경영자가 주식 보유 비율에 관계없이 100%의 주주 행세를 한다.) 회사는 주주가 투자한 돈으로 임·직원을 고용하고 이윤 추구를 위해 여러 가지 경영활동을 전개한다. 그래서 돈이 중요하고, 돈의 흐름을 알아야 한다. 돈 버는 것, 즉 이윤 추구를 목적으로 하지 않는 비영리기관이나 공기업이라도 최소한의 수지 균형을 맞추어야 한다. 직원들에게 급료도 주고 기관을 운영해야 하기 때문이다.

흔히 회사의 업무를 전쟁에 비유한다. 생존과 이익을 위해 시장에서 경쟁 기업들과 치열하게 싸워야 하기 때문이다. 전쟁터는 시장이요, 무기는 출하하는 상품이나 제공하는 서비스다. 그런데 꼭 새로운 무기가 있어야만 전쟁에 이기는 것은 아니다.

회사는 상품과 서비스를 개발하여 판매하고 고객에게 효용을 제공한 대가로 돈을 번다. 이윤이 생기면 투자자인 주주에게 분배하고 나머지는 재투자한다. 직원의 인건비는 상품이나 서비스 판매 가격에 포함되어 있다. 따라서 상품과 서비스가 팔리지 않으면 직원은 월급을 받을 수 없게 된다. 직원은 자신의 업무를 통해 최소한 〈(자기 연봉+각종 복지혜택+업무 소요비용)×(1+은행이자율)〉의 부가가치를 창출해야 한다.

당신이 회사의 주주라면 무엇을 원할까? 주가가 오르고 많은 배당을 받기 원할 것이다. 그리고 그 합은 적어도 은행이자보다 커야 한다. 그렇지 않으면 은행에 예금하고 이자를 받는 것이 낫다. 예금은 리스크가 거의 없으니까. 주가가 오르기 위해서는 주식을 팔려는 사람보다 사려는 사람이 많아야 한다. 회사가 돈을 많이 벌 것 같다고 소문이 나야 한다. 신제품 개발이 잘되고 많이 팔려 이익이 나야한다. 직원들이 회사를 위해 열심히 일해 주어야 하는 이유이다.

그러면 직원은 회사를 위해 어떻게 일해야 할 것인가? 주어진 일, 맡은 일을 주어진 예산과 시간 내에서 달성하는 것은 기본이다. 주어진 일을 잘하는 것은 직장 성공의 필요조건일 뿐 충분조건이 아니다. 자기 업무를 스스로 찾아하는 자세가 필요하다. 기업에서는 능력보다 열정이 더 높이 평가되는 이유이다.

기업에서는 가르쳐주는 것만 잘하는 사람은 필요가 없다. 기업은 신입직원이 알고 있는 것—대학에서 배운 지식—을 필요로 하는 것이 아니라 기업이 당면한 어떤 문제 혹은 과제가 생겼을 때 스스로 해결할 수 있는 능력과 경험을 중요시 한다. 그래서인지, 기업은 인재를 채용하면서 '필요로 하는 지식이나 기술을 가르치는 건 우리가 할 테니 무언가 할 수 있는 열정과 무엇인가 해보았다는 경험은 지원자가 가지고 있어라'는 입장을 가진다. 학교 성적이 좋기보다는 무엇인가 스스로 해본 젊은이가 직장에서는 채용 순위가 더 높다. 성적을 올리기 위한 복습보다 새로운 일을 해내기 위한 예습과 학습 경험이 중요해지는 대목이다.

회사에 취업이 되면 많은 부서 중 하나에서 근무를 시작한다. 회사에는 여러 가지 기능을 수행하는 부서들이 존재한다. 기획, 생산, 마케팅, 개발 및 엔지니어링, 법무, 인사, 예산, 경영지원, 고객지원 등이다. 생산과 같이 직접적으로 매출에 관련된 기능도 있고 법무와 같이 관련이 거의 없는 기능도 있다. 그런데 어느 부서가 되었든 다양한 지식과 기술과 경험을 가진 사람들이 모여 일을 한다.

업무를 수행하는 데 필요한 지식이나 기술 그리고 경험은 별도로 존재하는 것이 아니다. 사람에게서 나온다. 따라서 업무 수행과 관련하여 가장 중요한 것은 타인과의 관계이다. 어떤 일을 담당하더라도, 업무 지식도 중요하지만 자기 부서 혹은 다른 부서의 사람들과 조화롭게 일을 같이할 수 있어야 한다. 기업에서는 혼자 일하지 않는다. 남과 함께 일한다. 그래서 게임의 법칙이 대학에서의 공부하는 것과는 크게 다르다.

그러면 회사에서 직장 새내기가 하는 일은 무엇일까? 회사의 잡다한 일을 주로 하고 진짜 맡은 업무를 하는 시간은 하루 일과 중 20~30%에 불과하다. 그 정도만 되어도 다행이다. 업무에 미숙한 직장 새내기가 회사에서 할 수 있는 일은 잡다하고 시간이 많이 걸리는 것들이다. 인턴 생활을 해본 젊은이라면 이해할 수 있을 것이다. 그래서 직장 새내기는 잡다한 일을 하는 자신에게, 그런 일을 시키는 자기 부서와 회사에 실망을 하는 경우가 많다. 동·서양을 막론하고 직장 새내기에게 이런 잡무는 피할 수 없으며, 좋은 직장은 이런 잡다한 일의 비중이 얼마나 적은가에 달려 있다고 해도 과언이 아니다.

"대학생 때는 사회에 나가면 4년 동안의 전공을 바탕으로 큰일을 할 줄 알았다. 전공 지식은 기반이 되기는 하지만 내가 맡을 업무에 대한 새로운 지식이 필요하다."

"대학을 졸업하면 공부가 끝인 줄 알았는데 졸업 후에는 더 꾸준한 자기 개발이 필요하다. 대학에서 배운 것도 일을 하는 데 도움이 되지만 실제로 일하면서 느끼는 것은 다르다. 그냥 준비만 했을 뿐이고 그 준비도 제대로 된 준비라고 하기 어렵다."

업무와 관련된 지식이 많은 사람일수록 자신의 지식이 회사나 부서의 성과를 좌우한다고 생각하고 싶어한다. 사실은 그것과 반대다. 스스로 찾아 일을 하는 리더십이나 선배와 상사 그리고 동료 등 사람을 다루는 기술이 부족한 경우 업무 지식과 능력이 뛰어남에도 불구하고 직장에서 크게 성장하지 못하는 사례는 아주 많다.

직장에서의 인간관계

왜 직장 새내기들이 '일보다 사람이 더 힘들다'고 이야기할까? 지식은 주로 혼자 습득하는 것인 반면 인간관계 형성은 두 명 이상이 모여야 가능하다. 대학에서 지식은 배웠지만 인간관계에 대해서는 배운 적이 없다.

대학 생활을 하면서 마주치는 사람들은 자기 선택적이다. 자기가 좋으면 만나고 싫으면 안 만나도 그만이다. 가족과 고교 친구들 외에 새로이 만나는 사람들은 교수, 대학 선배와 친구, 알바 주인이나 손님 정도다. 이들도 자신의 의지에 따라 만나고 안 만나고 할 수 있다. 기초교양과목이나 필수과목을 제외한다면 대학에서는 특정 교수의 과목도 자신이 선택할 수 있고 옆의 친구도 골라 사귈 수 있다. 나머지 사람들은 자기가 좋으면 만나고 싫으면 미리 피할 수도 있다. 갈등과 어려움을 사전에 차단할 수 있었다.

직장까지는 자기가 골라잡을 수 있다. 그런데 직장이라는 이름의 작은 사회에서는 상사, 선배, 동료, 후배 누구하나 자신이 골라잡을 수가 없다. 지극히 자기 제한적이다. 나와 좋은 인연을 맺는 사람도 있지만 그렇지 않은 사람도 있다. 처음부터 안 맞는 사람도 있지만, 평소 동료애를 나누거나 호형호제呼兄呼弟하다가도 갑자기 어떤 일을 계기로 소원해지기도 하는 곳이 바로 직장이요 사회다. 혜민 스님은, 직장 상사 때문에 힘들다는 새내기에게 직장은 골라 들어갔지만 상사는 내가 선택할 수 없다면서 그 사람의 단점보다 장점을 자꾸 보도록 노력하라 이른다.

직장은 사람 관계의 또 다른 측면을 가지고 있다. 대학에서의 공부와 달리 직장에서는 돈을 벌거나 주어진 일을 하는 과정에서 고려해야 할 요소들이 많다. 본인의 노력만으로 일을 할 수 없는 경우가 흔하다. 성과를 보지 못하는 경우가 나타나기도 한다. 이해관계자가 많기 때문이다. 고객, 상사, 옆의 부서, 경쟁 기업, 정부, 협력 기업·기관, 사회단체 등 상대해야 하는 대상들과 그 대상들 속에서 일하는 다양한 사람들이 있다. 나와는 혹은 내 회사와는 다른 생각을 가지고 있는 경우가 많다.

직장에서의 인간관계는 그동안의 친구관계와는 다른 경쟁의 법칙, 생존의 법칙이 작용한다. '학교에서의 우등생이 사회에서 열등생'이라는 소리가 나오는 이유이다. 외부의 많은 사람들을 상대로 업무를 추진하면서도 내부적으로는 동료 혹은 선·후배와 경쟁하면서 일을 한다. 일의 결과는 윗사람에 의해 실시간으로 비교되고 평가된다. 6개월 혹은 1년마다의 성과급에 즉시 연동되고 몇 년 뒤의 승진에 총알같이 반영된다. 윗자리는 많지 않다. 그래서인가? 결과물이나 업적을 자기 것으로 만들려고 하는 늑대가 가끔 나타난다.

직장 생활을 잘하려면 옆에서 도와주는 사람이 있어야 한다. '괜찮은 친구'로 인식되는 것을 말한다. '남을 배려해 주는 사람'이라는 의미라면 더욱 좋다. 많을수록 좋다. 그러려면 평소에 좋은 인성과 붙임성을 가져야 한다. 남이 어려울 때 도와주고, 가끔은 남이 싫어하는 일도 도맡아서 한다. 커피를 마실 때 옆자리의 동료의 것도 한잔 준비해 주는 것도 잊지 마라. 늘 이기려 하지 말고 자신의 약점도 가끔은 흘려주어라. 직장 동료와 선배, 그리고 상사가 당신에 대해 좋은 이야기를 해줄 것이다.

인사하고 솔선수범해라

사람과의 관계에 있어서 우선적으로 몸에 배야 할 것은 먼저 인사하는 습관이다. '이웃끼리 인사합시다.' 동네 아파트 엘리베이터 안에도 쓰여 있는 글이다. 그런데 이게 참으로 어렵다. 어떻게 가정에서 배웠는지는 몰라도 많은 대학생 젊은이들이 교수 연구실들이 모여 있는 복도에서 나이가 들어 보이는 사람과 마주치게 되는 경우가 있어도 얼굴을 빤히 쳐다보며 그냥 지나친다. 교수 외에는 나이가 들어 보이는 사람이 그 장소를 지나칠 경우가 별로 없는데도 말이다. 더한 경우도 있다. 사무실에서 소파에 거의 눕다시피 앉아 있다가 교수가 들어와도 까닥하지 않는 대학생을 보기도 한다. 인사를 하지 않는 이유는 뻔하다. 자기가 수업을 듣지 않았다는 거다. 어느 외부 인사가 그 모습을 바라보면서, "어떻게 저런 아이들에게 기업을 맡길까 걱정이 되네요"라는 말씀을 던지면서 돌아선다.

뻔한 상황임에도 불구하고 자기가 다니는 학과의 교수에게조차 인사를 안 하는데 사회에 나가서는 어떨까? 같이 일해 볼 가능성이 적은 회사 사장님, 본부장님에게 인사를 할까? 그건 다르다고? 아니다. 실험실에 꼭 박혀 일할 직원이라면 몰라도, 밖으로 세일즈 하러 다니거나 부서 간의 협의 사항이 많은 직원이라면 이건 큰일이다. 밖에 나가 고객에게도 인사할 줄 모르는 사람이 될 테니까 말이다. '3살 버릇 80세까지 간다'고 했다. 기업 채용에서 '예의를 지키는 사람이냐, 아니냐?'는 면접에서 가장 기본적인 체크 사항이다. 예의 중의 으뜸은 인사하는 것이다.

직장 생활을 하면서 인사만큼이나 중요한 것을 하나 더 지적하고자 한다. 스스로 찾아 하고 남들이 싫어하는 일을 솔선수범하는 자세다. 미국이나 우리나라를 막론하고, 기업의 최고 인사책임자들이 '쓰레기 주워 치우는 사람'을 강조하는 이유다.

기업에서는 가르쳐주는 것만 잘하는 사람을 필요로 하지 않는다. 우리 사회에 지독한 에고와 방임이 바이러스처럼 확산되는 과정인지는 몰라도 최소한의 사회인으로서의 자세가 우리 대학생 젊은이들에게 부족해 보인다. 직장에 들어가서도 대학에서처럼 행동하고 생각하는 젊은이들이 너무너무 많다는 이야기가 들린다. 기본적인 것들을 배우지 못했다는 증거가 여기저기 나타난다. 교실에 들어와서도 불도 안 켜는 학생들. 마시고 난 유리병을 교실에 그냥 놓고 가는 대학생들. 식당에서 밥 먹고 수다 떨고도 의자 정리는 고사하고 자신들이 쓴 휴지도 그냥 놓아버리고 가는 젊은이들. 식판에는 먹지도 않고 버리는 음식이 가득하다.

왜 이런 현상들이 나타날까? 그 원인은 어릴 적부터 과도하게 엄마가 먹여 주는 밥에 익숙해 있기 때문이요, 좋은 대학에 들어가기 위해 아이는 공부만 잘하면 된다고 생각한 엄마의 착각에 있다고 진단한다. 고등학교까지는 엄마가 거의 모든 것을 코치해 주었다. 심한 경우는 엄마가 선행 학습을 해서 공부를 가르쳐 주기까지 한다. 그렇게 커온 아이가 대학생이 되었지만 갑자기 무엇을 혼자 생각하고 실행에 옮길 수 있겠는가? 성적이 무조건 중요하다 보니, 성적이 아닌 것에 대한 판단 능력 자체가 사라져버린 것이 아닌지.

기업은 기본기를 가르치고 훈육할 시간도 여유도 없거니와 그럴 생각도 없다. 제대로 기본기를 갖춘 인력만 데리고 앞으로 나아가면 된다고 생각한다. '회사가 따로 교육할 필요 없이 기본적 소양을 갖추고 글로벌 변화에 적극적으로 대응할 수 있는 사람'이 바로 기업이 찾고 있는 인재다. 남이 이야기하기 전에 솔선수범하는 것을 이제부터라도 시작해라. 그래야 일의 성격과 내용에 관계없이 새로운 문제에 부딪쳤을 때 적극적으로 대처하고자 하는 마음가짐과 해결 방법을 찾는 자세를 갖출 수 있다.

직장은 학교가 아니다. 직장에 들어가면 내 회사라는 주인의식을 가지고 다른 사람들과 협력하여 열심히 일을 하려는 마음가짐을 미리부터 가져야 한다. 그러면 거래처와 고객에 대한 태도도 올바르게 된다. 그것이 성공하는 직원의 기본이다.

❋ 미생과 완생의 차이

회사가 직원에게 중요한 일을 시킬 때는 그 직원의 업무 처리에 대한 믿음과 회사를 위해 최선을 다한다는 신뢰가 쌓여야 가능하다. 그래서 직장 초년생이 되면 너무 의욕을 갖지 말고 상사나 선배가 시키는 허드렛일을 하면서 그들이 하는 것을 관찰하는 시간을 가질 필요가 있다. 사회에서의 배움은 자신의 잠재적 능력을 숙성하는 것부터 시작한다. 학교 공부와 달리, 열심히 한다고 업무를 잘하는 것이 아니다. 무엇을 어떻게 하느냐가 보다 중요하다. 관찰을 통해서 일하는 방식의 핵심을 간파하고 자기만의 실력을 키워야 한다. 회사를 위해 올바르게 배우고 익히는 것이 직장에서의 현명한 처세술이다. "닥치는 대로 일하는 게 능사가 아니라, 나에게 맞는 일을 찾고 기업에서 필요로 하는 일을 하는 게 중요하다."

그런데 얼마 전 방송에 이런 이야기가 소개되었다.

신입사원이 들어왔다. 관례대로 부서에서 신입 환영회를 해주기로 했다. 미리 직원들에게 회식 안내가 이루어진 것은 물론이다. 당일이 되어 퇴근 시간이 되었다. 부서장이 신입사원을 보면서 회식장소로 가자고 말한다. 신입 직원 왈, "저 오늘 굉장히 중요한 데이트가 있는데요."

직장의 문화를 배우고 기본적인 예법을 익히는 것은 신뢰 쌓기의 시작이다. 그게 싫다면, 스스로 창업하는 것이 좋다. 서로를 위하는 방법이다. '미생'에 열광해서는 안 된다.

03 보이는 스펙에서 보려는 스펙으로

변하는 스펙

경영 환경이 빠르게 변하면서 기업은 매일 매일 새롭게 생기는 문제를 해결하고 어려움을 극복해야 지속적인 생존이 가능하다. 따라서 기업에서 요구하고 있는 직원의 능력 수준을 대량 교육방식으로 뒷받침하기란 참으로 어렵다. 학문과 기술이 급속하게 발전하고 있는 시대에 몇 년 전의 지식을 담고 있는 교과서와 기술 수준이 뒤떨어진 기자재로 이루어지는 대학 교육이 기업이 요구하는 수준을 감당하기란 여간 어렵지 않다.

대학 교육이 산업계가 요구하는 수준을 만족할 수 없게 되면서 대학 졸업생에 대한 신입 직원 채용과정에 스펙이 추가되기 시작했다. 부족한 본질을 화장化粧을 통해 조금 보충하기에 이른 것이다. 부족함이 더해지면서 화장이 보다 다양화해진다. 요즘의 대학생 젊은이들이 취업을 위한 스펙 쌓기에 목을 매게 되는 이유이다. 비용도 상당히 든다는 소리가 언론에 떠돈다. '1억 원 들여서 스펙 쌓고 취업 성형을 통해 얼굴을 좀 더 예쁘게 한다'는 기사도 나온다.[14]

대학생 젊은이는 대학 본연의 수업 외에도 토익 점수, 자격증, 공모전 입상, 해외 연수, 인턴 경험, 봉사 활동 등 해야 할 것이 너무 많다고 비명을 지른다. 이외에도 취업을 위해서는 컴퓨터 지식, 경제 상식 등은 기본이고, 더 나아가 입사 전에 충분한 해당업무에 대한 지식이나 프로세스를 숙지를 해야 한다. 그동안 많은 것을 희생하고 죽도록 고생해서 대학에 들어왔는데, 이제 좀 한가해지려나 했는데, 취업을 위해 대학 생활 중에 해야 할 것이 너무 많다고 어려움을 토로한다.

기업이 직원을 채용하면서 스펙을 포함해 점점 더 많은 것을 요구한다는 사실은 그만큼 사회가 발전하면서 세상의 요구가 많아진다는 뜻이다. 기업은 지금 세대의 젊은이들보다 더 많은 지식과 자질을 다음 세대 젊은이들에게 요구할 것이다. 시간이 지나면서 더 많은 노력이 필요해진다는 것을 암시하는 대목이다.

대학생들이 대기업에 취업하기 위해 스펙에 목을 맨다는 기사가 점차 늘어나고 있다. 저자가 운영하고 있는 「젊은이와 차한잔을 나누면서」라는 블로그에는 20~30대 젊은이가 많이 들어오는데 취업에 대한 관심이 가장 높게 나타나고 있다.

그러나 대학생 젊은이가 죽기 살기로 달려드는 스펙 쌓기가 자신의 경쟁력을 키우는 것이 아니라 도리어 불필요하고 시간을 허비하는 것이 아닌지를 한번 생각해 볼 필요가 있다. 남자의 경우 군대 생활 2년을 감안하더라도 26~27세나 된 대학 4학년 학생이 취업을 위해 도서관에 죽치고 앉아 토익과 시사 상식이나 공부하고 자기소개서를 쓰는 데 1년을 소비하고 있다면 기업이 그 젊은이를 채용해야 하는 이유는 뭘까?

취업에 필요한 스펙을 쌓겠다고 알지도 못하는 먼 나라 오지까지 가서 봉사하는 건 이미 오래전의 이야기이다. 요즘에는 색다른 스펙이 취업에 유리하다는 소문이 나면서 여름방학을 맞아 청계산에서 오이 팔고, 바텐더 자격증 따고, 헌법소원 내는 이색 스펙을 쌓는 학생들이 있다는 소식도 들린다. 길거리에서 연주와 노래를 하는 버스킹busking까지 스펙으로 등장하고 있단다. 정작 기업에서는 이런 튀는 스펙들이 직무와 관련이 없고 전문성이 없어 취업에 부정적 영향을 준다고 한다. 생고생, 헛고생을 한 셈이다.

대기업을 중심으로 채용 시장에 과거와는 다른 현상이 나타나고 있다. 스펙이 '보이는 것'에서 '안 보이는 것'으로 바뀌고 있다. 새롭게 제기되는 문제에 대해 적극적인 해결 자세를 가지는 인재를 채용하기 위해 기준이 바뀌는 것이다. 전공, 학점, 토익 점수, 자격증, 공모전 입상, 해외 연수, 인턴 경험, 봉사활동과 같은 '책상 스펙'은 더 이상 기업에게 매력적이지 않다. 대신 업무 경험, 일에 대한 열정, 주도력, 리더십과 창의성과 같은 '현장 스펙'을 중시하는 쪽으로 채용 패러다임이 바뀌고 있다. 책상 스펙이 주어진 조건하에서의 능력이고 수동적인 부분이기 때문에 지원자의 미래 직무 능력을 정확하게 파악할 수 없다고 생각하기 때문이다.

예를 들어 삼성그룹에 응시하기 위해서는 전 학년 평균 평점이 4.5 만점으로 환산해 3.0을 넘어야 한다. 계열사와 직군에 따라 오픽OPIc이나 토익 스피킹 점수를 제출해야 한다. 삼성전자에서 요구하는 영어 최저점은 TOEIC을 기준으로 이공계는 620점 정도, 인문계는 730점 정도이다. 그런데 요즘 대학생이 전공보다 영어 공부를 두 배 이상 한다는 이야기는 '스펙'에 대해 잘못된 인식을 하고 있다는 것을 반영한다. "직무에 얼마나 전문성을 가지고 있는지 기회를 주고 서류전형을 통해 보겠다. 불필요한 스펙, 모든 자격증을 다 따는 분들은 지양한다. 자격증으로의 스펙, 어학 연수 같은 다양하고 불필요한 스펙은 전혀 도움 안 된다"가 삼성그룹 인사팀이 신입 직원을 채용하면서 갖는 기본 생각이다.

현대자동차그룹도, SK그룹도 마찬가지다. 현대자동차는 이공계와 인문계 복수 전공자에 대해 이공계 학점만 반영한다고 채용 홈페이지에 공지했다. 복수 전공자의 인문계 성적은 아예 계산에 넣지 않는단다. 대신 인문계나 예·체능계로 입학했더라도 이공계 학과를 복수 전공하면 입학 학과에 관계없이 이공계 학점은 반영한다. SK그룹은 지원서에 스펙 난을 아예 없앴다. 채용 과정에서 직무 관련성을 중시하는 방향으로의 스펙 변화는 빠른 속도로 다른 기업 그룹으로 옮겨갈 것이다.[15]

스펙 대신에 자기소개서를 눈여겨보는 기업이 늘고 있다. 물리학 연구에 빠져 있던 물리학 전공자라면 자신의 연구경력을 자세히 소개하면 된다.

자신만의 특기·장점을 가진 인재들을 놓치지 않기 위해서다. 채용 담당자는 "인사제도의 변화가 괴짜나 기발한 사람을 뽑고자 하는 것이 아니다. 자신의 특기와 장점을 갖기까지 투자한 시간과 열정, 몰입력·책임감 등을 가진 젊은이를 채용하기 위한 것"이라고 설명한다.

그런데 잠시 생각해보자. 과연 기업이 인재 채용에서 대학, 학점 외의 스펙을 포기할 수 있을까? 어불성설이다. 스펙의 내용이 바뀐다는 것을 암묵적으로 알려주고 있다. 노력과 경험과 열정에서의 남과 차별화하기 위한 자기만의 '그 무엇'이 필요해진다는 신호를 보내고 있는 것이다.

새로운 스펙, 학습 능력

우리나라의 무역 거래액은 세계 8위이다. 경제 수준이 획기적으로 향상되면서 이제 상당수의 우리 기업들은 더 이상 추종자도 아니요, 카피캣 copycat(독창적이지 않고 남을 모방하는 사람이나 기업 또는 제품을 일컫는 말)도 아니다. 이제는 선도자의 입장에서 세계열강의 기업들과 경쟁을 하면서 살아남아야 한다.

세계시장에서 글로벌 기업들과 치열한 선두 경쟁을 벌여야 하는 우리 기업들이 앞으로 어떤 인재를 필요로 할 것인가에 대한 힌트를 세계적인 기업인 구글이나 보스턴컨설팅그룹BCG의 인재 채용 방식에서 찾아 볼 수 있다.

세계 젊은이들의 '꿈의 직장'이라고 불리는 구글의 예를 살펴보자. 팀을 중심으로 업무를 진행되는 구글의 채용 방법은, '능력은 여러 가지 형태에서 나오고 다양하고 새로운 방법으로 습득할 수 있기 때문에 학벌 외의 요인들에도 많은 관심을 기울인다'는 것으로 요약된다.

구글은 인재 채용에 있어 학습의 근성을 중요시한다. 스스로 찾아 배우고 문제를 해결할 수 있는 능력, 전통적인 리더십에서 벗어나 새로운 혹은 돌발적 환경에서의 리더십emergent leadership, 자발적으로 문제를 해결할 수 있는 능력, 다른 팀원이 제시하는 더 좋은 아이디어를 기꺼이 받아들이는 지적知的 겸손함, 문제를 해결하기 위해 팀원 모두가 함께 노력하고 내가 맡은 역할을 다하고 뒤로 물러나는 자부심을 지원자가 얼마나 갖추었느냐를 살펴본다.

구글이 인재를 채용하면서 별로 중요하게 생각하지 않은 요건이 바로 전문 지식이다. 지원자들이 무엇을 알고 있고 어디서 배웠는지에 대해서는 관심을 크게 갖지 않는다. 구글 검색을 통하여 지원자가 아는 것보다 더 많은 것을 가르쳐 줄 수 있기 때문이란다.

최고의 우수 인재를 찾는다는 BCG의 예를 살펴보자. 세계 최고의 기업들을 대상으로 컨설팅을 하는 BCG는 고객, 산업, 사업과 사회까지도 변화시키는 것을 경영 모토로 하고 있다. 따라서 대학 성적이 좋아야 할 뿐만 아니라 '분석+α'의 능력을 가진 사람을 찾는다. 'α'란 지식에 대한 순수한 갈증, 자신의 지적 능력 한계를 넘어서고자 하는 욕구, 그리고 고객이 가진 문제점을 해결하기 위해 미지의 것들unknowns의 존재를 파악하고 창의적인 해결책을 발견하고자 하는 열정을 의미한다.

언뜻 보기에도 우리나라 대기업에서 인재를 채용하던 기존의 방식과는 큰 차이가 있는 것처럼 보인다. 우리나라 기업도 변했다. 일부 대기업에서는 이미 구글이나 BCG의 채용과 비슷한 방식으로 신입 직원을 뽑기 시작했다.

그런데 공공기관이나 공기업의 경우는 사정이 다르다. 기업이 인재 채용 방식을 급격하게 변화하는 데 비해 보수적인 성향을 가진다. 공공부문의 특성 상 채용과정과 내용에 있어서 전문성과 함께 공정성, 객관성, 투명성을 모두 담보할 수 있어야 하기 때문이다. 기업과 마찬가지로, 앞으로 자격증, 공인점수 등을 포함하는 기존의 스펙에 대한 요구는 적어진다. 대신 전문성을 담보하기 위해 실무 현장에서 바로 쓰일 수 있는 지식과 기술을 직무별로 표준화한 국가직무능력표준National Competency Standards, NCS을 기반으로 하는 채용 방식을 채택할 것이다.

NCS 기반의 채용 방식이 공공부문에서 도입되더라도 직무와 관련된 경력을 만들어야 하는 것은 여전히 지원자인 대학생의 몫으로 남는다. 자기만의 독특하고 특별한 경력, 즉 공기업이나 공공기관의 직무에 필요한 경험을 바탕으로 하는, 남들과는 차별화된 스펙이 추가적으로 필요하다. 그 결과 공공부문의 신규 채용에서 자기소개서에 대한 중요성은 과거에 비해 상당히 커진다. 그럼에도 채용 과정에서 공정성, 객관성 그리고 투명성을 보장하기 위해 NCS의 정형화가 이루어질 수밖에 없다. 이는 곧 다른 형태의 스펙이 탄생한다는 의미다. 정부는 대학생 젊은이들이 취업 준비를 수월해지라고 방안을 내놓는데 실제로 취업 준비생들은 점점 더 힘들어지는 형상이다.

❋ 실력의 함수관계

대학에서의 실력과 직장에서의 실력은 같은가? 다르다. 아주 많이 다르다. 대학에서의 실력은 곧 좋은 학점, 높은 스펙으로 나타난다. 〈대학에서의 실력=∑(부모의 지원, 본인의 노력, 공부 방법, 건강)〉이라는 함수가 성립한다. 그러나 직장에서의 실력은 돈 버는 능력 혹은 문제 해결능력을 의미한다. 내가 스스로 하거나 남의 도움을 받아서 하건 간에 차이를 두지 않는다. 〈직장에서의 실력=∑(본인의 노력, 문제 파악·해결 능력, 대인 관계, 건강, 타인의 도움)〉이라는 함수가 성립한다. 공부만 잘하면 인정받던 대학 시절과 달리, 직장 생활은 업무 능력과 인성은 기본이고 그 외의 체력, 인상, 장기長技, 주량이 요구된다.

그러면 직장에서의 일처리 능력과 출세는 일치하는가? 맞는 경우도 있고 틀린 경우도 있다. 어느 수준까지는 능력으로 가능하지만 그 수준을 넘어서면 '줄서기'에 의해 결정된다. 나이가 들면 의리보다는 '내가 이것을 해주면 너는 내게 무엇을 해줄 수 있나?'는 논리가 지배하는 게 세상이다. 그래서 의리에 투철한 젊은이도 나이가 들면서 기성세대가 된다고 한다.

좋은 자리는 늘 제한적이다. 윗자리는 올라갈수록 점점 더 적어진다. 좋은 자리와 승진을 놓고 경쟁이 치열하다. 동료끼리만의 경쟁이 아니라 선·후배까지도 낀 경쟁이다. 역학 관계가 복잡해진다. 직장에서의 출세 함수에는 직장에서의 실력 함수 외에도 다른 사람의 어려운 일을 해결하거나 회사가 필요할 때 도움을 줄 수 있는 능력도 있어야 한다. 〈직장에서의 출세=∑(본인의 노력과 능력, 대인 관계, 건강, 상사의 도움, 학연·지연, 배경)〉이라는 함수가 성립한다.

04 자소서와 자'소설'

자소서는 나의 이야기

취업을 위해 이력서와 함께 제출되는 자기소개서는 인사 담당자에게 자신을 알리기 위하여 작성하는 글이다. 최근에는 취업과정에서 가장 중요한 평가 자료가 되었다. 서류심사에서뿐만 아니라 다음 단계에서 이루어지는 면접의 기초자료가 되고 있기 때문이다.

기업마다 요구하는 자기소개서의 내용은 다르다. 성장배경(성장 과정과 학창시절), 성격의 장단점(자신의 성격과 남다른 재능 소개), 학교생활, 관심분야와 희망직무, 어려움을 극복하고 이뤘던 성취, 지원동기 등이 공통적으로 포함된다. 그런데 자기소개서의 항목이 최근 변하고 있다. 새로운 능력을 가진 인재가 필요해지기도 했지만 보다 근본적으로는 지원자가 인터넷상에 널려져 있는 남의 것들을 빌려 짜깁기하여 작성하기 때문이다. 취업 관련 포탈

사이트에 자기소개서 샘플들이 넘쳐흐른다. 같거나 비슷한 답변을 제시하는 경우가 많아 지원자에 대한 변별력이 떨어진다고 한다.

대기업을 중심으로 요즘 자기소개서 작성에 추가적으로 제시되는 문항들을 살펴보면, '본인이 영업사원이라고 가정하고 생활용품·화장품 등 사업을 선택해 현재의 옴니 채널omni-channel(소비자가 온라인, 오프라인, 모바일 등 다양한 경로를 넘나들며 상품을 검색하고 구매할 수 있는 쇼핑 환경) 상황과 영업 전략을 분석하시오' '거주지 인근 영업점을 방문하고 본인이 생각하는 영업장의 영업환경과 타 은행보다 경쟁력을 확보할 수 있는 전략을 기술하시오' '주어진 자원만으로 달성할 수 없을 것 같은 일을 기존 방식과 다른 방법으로 시도하거나 본인이 주도해 과감히 추진했던 경험에 관해 쓰시오' '타행 대비 ○○은행의 비교우위와 비교열위를 설명하고, 입사 후 어떤 아이디어와 행동으로 비교열위를 극복할 것인가를 구체적으로 기술하시오' '삼성 SSD솔리드스테이트드라이브 판매를 늘리기 위해 기존의 HDD하드디스크드라이브 사용자에게 SSD로 교체하도록 하는 마케팅 포인트를 기술하시오' '삼성전자와 같은 글로벌 IT 회사들의 재무 구조적 특징을 설명하고, 현재 글로벌 경영환경에 적합한 재무 관리 전략을 구체적으로 제시하시오' 등과 같은 것들이 있다. 취업 준비생들이 남의 것 짜깁기하는 것을 방지하기 위해 기업들은 점점 더 난해한 질문들을 제시할 것이다.

대학생 취업준비생들로부터 볼멘소리가 터져 나온다. "일부 기업은 그 업계·회사에서 10년은 근무해야 알 만한 전문적인 내용을 묻기도 한다" 혹은 "지원자의 아이디어만 빼으려고 하는 것이 아닌가?"라고 불만을 토로하기도 한다. 어불성설이다. 기업이 아무런 생각 없이 실무를 모르는 대학 졸업반 학생들에게 그런 내용을 물어보겠는가? 기업에 계신 분들의 능력을 대단히 무시하는 발언이다. 그런 질문을 하는 이유는 따로 있다. 대학에서 배울 수 있는 수업이나 형식적인 스펙 사항들 이외에 지원자가 가지고 있는 적극성, 창의성, 열정 등을 미리 살펴보기 위함이다. 여기에 더하여 지원자가 가지고 있는 능력을 어떻게 효과적으로 표현하는가를 평가한다.

취업이 어렵다 보니 중위권 대학을 중심으로 면접 경진대회가 열린다. 심사위원으로 참석해 경험해 본 적이 있다. 발표를 외워서 하는 경우가 심심치 않게 눈에 띄고, 자신을 표현할 수 있는 꺼리가 부족한 경우가 많았다. 이것저것 많은 자격증을 취득했거나 다양한 활동을 했지만 효용성이 떨어지거나 일관성이 부족해 취업하는 데 도움이 될 것 같지 않은 경우도 흔하게 나타난다. 대학에 입학하면서부터 자신의 진로를 정하고 원하는 후보 직장을 몇 개 선정하여 일관성 있게 일찍부터 준비를 시작하는 것이 답이라고 조언하고 싶다.

자기소개서 작성은 어렵다. 하룻밤에 만들어지지 않는다. 어떤 학생들은 자기소개서 1개를 작성하는 데 2주 정도 소요된다고 말한다. 3·4학년을 대상으로 하는 수업에서 늘 "A4용지 1페이지 분량에 자신을 팔아보라"는 숙제를 내준다. 기간은 1학기. 그런데 자신 있게 작성해 오는 학생이 적다. 공부를 좀 하는 학생일수록 어렵다는 대답을 한다. 왜? 쓸 거리가 없고 글쓰기 훈련이 안 되어 있는 것을 깨닫기 때문이다. 자신이 가장 많이 알고 있을 자신의 역량이지만 남을 설득할 만큼 잘 쓰기란 쉽지 않다.

잘 쓴 자소서

자기소개서는 읽는 상대방이 있는 문서다. 제대로 된 경험이 없으면 훌륭한 자기소개서를 작성하기란 매우 어렵다. 실제적인 취업 준비는 4학년이 되어서야 시작하지만 그 바탕이 되는 내용, 즉 쓸 거리에 대한 준비는 대학에 들어가면서부터 시작해야 하는 이유이다. 우리네 대학생 젊은이들은 팀 프로젝트를 하는 과정에서도 각자의 역할을 목적 없이 나누고 여러 웹 사이트들에서 자료를 검색해 짜깁기하는 데 익숙해 있다. 자기 아이디어를 내고 자신만의 경험으로 무엇인가 확실한 것을 만들어내지 못하고 있다. 단순히 무엇을 했다는 것은 이제 큰 의미를 갖지 못한다. 무엇을 경험하고 그 과정에서 나타난 어려움을 어떻게 극복하였으며 이를 통해 미래에 유용한 교훈을 얻는 것이 보다 더 중요해졌다. 좋은 자기소개서란 '자신만의 독특한 경험—어려움 극복 과정—미래에 대한 혜안'을 쉽게 글로 표현한 것이다.

잘 쓴 자기소개서란 읽는 사람으로 하여금 흥미를 갖도록 작성된 것이다. 참 쉽지 않다. 대입이 우선시 되는 관계로 글쓰기 훈련이 부족한 우리 대학생들은 늘 자기 입장에서 글을 쓰는 경향이 있다. 대학에 들어와서 시작한 읽기·글쓰기를 제대로 학습하지 않았기 때문이다. '글쓰기'는 대학 1학년 과목이다. 수업 중에 부과되는 팀플 보고서를 준비하면서 보고서를 잘 쓰는 습관을 미리 키워 놓아야 한다. 팀 프로젝트를 부과하면서 교수는 주로 PPT 작성과 함께 발표를 요구한다. 단순한 인터넷 짜깁기를 계속해서는 보고서 쓰는 실력이 향상될 수 없다. 정부 부처의 웹 사이트에서 제공하는 보도 자료의 요약분을 통해서 어떻게 글을 쓰는지를 배워도 좋다.

취업을 위한 자기소개서가 읽는 사람 입장에서 작성되어야 하는 이유가 하나 더 있다. 경쟁이기 때문이다. 인사 담당자는 바쁘다. 지원자 몇 천 명의 자기소개서를 모두 읽어야 한다. 적어도 읽은 척이라도 해야 한다. 그러다보니 대부분의 기업에서 지원자 1명당 소비하는 시간이 5분 이내다. 첫 15초 안에 관심을 끌어야 3분을 읽는다. 자기소개서를 인사 담당자의 눈에 띄도록 작성하는 것이 관건이다. 그런데 해봤어야지. 4학년, 그것도 취업 시즌이 되어서야 허둥대면서 자기소개서 준비를 시작하기 시작한다. 자기소개서 작성에 공포감이 몰려올 수밖에 없다.

자기소개서 작성은 여유를 가지고 준비해야 한다. 그 시작은 대학에 입학하면서다. 언제 필요할지는 명확하지 않지만, 적어도 나의 4년 대학 생활에서 성취한 내용들을 간결, 명료하게 작성해야겠다는 생각을 대학 입학과 동시에 가지도록 해야 한다. 늦었다면 이제부터라도 시작해라.

이것저것 쌓은 스펙 사항들은 많지만 서류심사에서 탈락하는 취업 준비생이 눈에 자주 띈다. 짧은 자기소개서에 자신을 적극적으로 어필하지 못했기 때문이다. 자신이 표현하고자 하는 내용에 핵심이 없고 자신의 스펙과 경험 내용을 자기소개서에 연결해서 표현을 하지 못한다. 여러 가지 경험 내용을 나열하지만 자신의 경험이 똑떨어지게 구체적으로 직무와 연결되어 기술되지 않는다. 일관성의 부족이다. 주어진 상황에서 자신만의 방법으로 위기를 극복한 경험을 쓰고 이것이 어떻게 직무에 활용될 것인지 제시하는 습관을 들여야 한다.

짧지만 멋있는 자기소개서를 만들어라. 인사 담당자는 지원자가 제출한 자기소개서를 잘 읽지 않는다. 대부분 15초 정도 흘깃 보고는 합격, 불합격 통에 던져버린다. 그래서 대개 1페이지 정도의 정리된, 짧은 자기소개서가 인사 담당자의 눈길을 끌 가능성이 높다. 가장 인상적인 능력과 성취에 주목하도록 자기소개서를 작성해라.

"문제는 자기소개서에 자신의 강점인 대외활동 경력을 직무와 정확하게 연결시켜 쓰지 못한 데 있었다. '구슬이 서 말이라도 꿰어야 보배다'라고 전문가들은 입을 모아 조언한다. 경험을 바탕으로 얻은 자기 생각을 자기소개서에 녹이지 못한 채 나열만 했더니 잡다한 자기 자랑이 된 것이다. 더불어 지원자가 겸손하고 성실하다는 인상도 받기 어려웠다. 자기소개서를 점검한 결과 '진정성이 없다'는 평가를 내린 이유이다. 그럼 대외활동 경력을 내세우되 자기 자랑이 되지 않도록 하는 법은 뭘까? 전문가들은 '지원하는 직무 내용을 정확하게 파악한 다음 이를 자신의 대외활동 경력에 정확하게 꿰어 쓰라'고 조언한다."[16]

스펙을 많이 쌓으면 쓸 것이 많아져서 자기소개서가 잘 써지는가? 스펙도 스펙 나름이다. 겉핥기식의 스펙은 그리 도움이 안 된다. 남과 같아서는 눈길이 가질 않는다. 우선 자신이 쌓고자 하는 스펙은 'Something new, something different(새롭거나 남과 다른)'한 것이어야 한다. 팀 프로젝트를 하든지 동아리를 하든지 해외 연수를 하든지 인턴을 하든지 어떻게 그 경험을 적절하게 자신의 자기소개서 작성과 연결시킬 것인지 미리 생각하고 스펙을 쌓아야 하는 이유이다. 그래야 남과 다르게 그리고 더 열심히 활동을 하게 된다. 자기소개서에 창의력과 열정과 기획력과 리더십이 묻어 나오게 하는 대목이다.

자기소개서를 작성하면서 중요하게 성취한 것에 집중해라. 사소한 것들은 과감히 버려라. 아깝다는 생각이 들더라도 필요하지 않으면 버린다는 자세를 가져라. 아무도 '훌륭한 문제 해결자'같이 불분명한 표현이나 '솔선수범' '타의 모범' '도전 정신' 같은 상투적 표현에 눈을 주지 않는다. 자기소개서에는 자신이 실제로 영향을 끼치고 성과를 가져온 것들을 중심으로 수치를 활용하여 계량적으로 표현하는 것이 좋다. 공식적으로 성취한 것만 포함할 필요는 없다. 상당한 실체가 있는 내용이나 프로젝트라면 포함시켜도 좋다.

취업과정에서 자기소개서를 좀 더 적극적으로 활용하고 싶다면 대학 1~2학년 시기에 무엇인가 자신의 프로젝트를 시작하는 방법이 있다. 이른바 희소성을 갖는 것이다. 대학 생활 중에 혼자 혹은 친구 몇 명과 함께 조그만 회사를 창업하거나 프로젝트를 시작하는 것이다. 대학생 수준에서는 조금 버거울 수 있는 벤처경영이라는 수업을 통해 지켜보았는데 많은 학생들이 훌륭히 해내는 것을 확인할 수 있었다. 프로젝트를 하면서 자신이 개발 경험이 없다고 걱정할 필요는 없다. 필요한 것은 외부에서 아웃소싱하면 된다.

05 스펙을 초월한 취업?

많은 대학생들이 대학에서의 수업보다 스펙을 쌓기 위한 공부를 더욱 중요하게 생각하는 경향을 갖는다. 고등학교 시절, 학교에서는 엎드려 자다가 학원이나 과외에 가서는 집중해서 공부를 하는 경우가 많다고 하는데 꼭 그 상황이 대학에 와서도 재현되는 형국이다. 저자의 수업에서도 한 학생이 "아침에 학원 갔다 오는데 수업 시간을 맞추어 올 수 없으니 출석을 좀 봐 줄 수 없느냐?"고 했다가 결국에 수업을 포기한 경우도 있다. 무슨 공부하느냐고 물었더니, 영어 공부란다.

과연 스펙 없이 좋은 직장에 취업하는 것이 불가능한가? 그렇지는 않다.

그럼 왜 대학생 젊은이들은 스펙에 집착하는가? 남에게 조금이라도 뒤떨어지면 무엇인가 인생에서 아니면 취업에서 큰 손해를 볼 것 같은 생각이라도 들어서인가? 요즘 학생들이 일컫는 스펙이 진정한 스펙이 아닐진대, 스펙 쌓기에 대학생들이 목을 매고 달려드는 행태를 보면서 답답한 마음을 가진다.

스펙 8종이라고 하는 학벌, 학점, 토익 점수, 해외 어학연수, 자격증, 인턴 경험, 수상 경력, 봉사 경험의 상당 부분이 충족되어야 좋은 기업에 취업이 가능한 것인가? 그럴 가능성이 매우 높다. 스펙 8종을 거의 모두 충족한 아이라면 이미 대단한 수준의 젊은이일 것이고 그 정도라면 웬만한 기업에서 탐을 낼 정도의 수준일 것이다. 대학 공부 이외에 다른 능력도 거의 모두 갖추었을 것이니 당연한 이치가 아니겠는가.

그런데 지원자의 능력 수준이 기대 수준보다 훨씬 높을 경우 안 뽑을 가능성도 있다. 기업은 유능해 보이는 젊은이를 뽑아 놓았더니 몇 달이 지나지 않아 그만두고 나가는 것을 여러 번 경험했기 때문이다. 어느 공기업의 최종 면접 심사위원을 하면서 같은 경험을 한 적이 있다. 전공에 맞지 않는 분야에서 인턴을 하거나 과도하게 많은 인턴 경험은 도리어 손해를 본다는 연구결과도 귀담아 들을 필요도 있다.

그럼 반대로, 스펙 8종의 상당 부분이 충족되지 않으면 좋은 기업에 취업이 어려운가? 아니다. 주변의 학생들에게 대학가에서 나도는 수준의 스펙을 믿지 말라고 가르친다. 왜? 그것들은 스펙이 아니니까.

한 사례를 살펴보자.

자기소개서에 실린 내용이라고는 공군 사병으로 근무하던 시절의 항공기 정비활동과 자재관리 경험이 전부인 학생이 있었다. 여기에 더하여 수업 중에 팀 프로젝트로 한 것들을 모아 작성한 '우리나라 기업이 최초로 개발한 기술의 세계화 전략'이라는 논문과 '외국인을 위한 교통 애플리케이션'에 대한 사업계획서를 작성한 경험뿐이다. 집안 경제가 넉넉하지 않아 해외 연수도 가보지 못했고 학원도 다닌 적이 없다. 이 젊은이는 토익도 한번으로 끝냈는데 그 성적도 겨우 700점을 넘었을 뿐이다. 학점이 4.5 중 4.2로서 좋다는 것 한 가지가 장점이다. 본래 대학원 진학을 원했는데 대학의 명성이 다른 지원자들에 비해 상대적으로 떨어지고 직장 실무경험이 없어 두 번에 걸쳐 고배를 마셨다. 결국 실무 경험을 쌓기 위해 기업에 취직을 하려 하니 "얼마나 이 회사에 있을 것이냐?"는 질문에 애를 먹었다. 대학 졸업 1년 후 원하는 분야인 컨설팅 기업에 취업을 했다. 연봉 3,600만 원. 요즘은 주말도 없이 일한다. 대부분의 직원들이 석사 혹은 박사인데 이 학생만 학사 출신이다.

앞의 젊은이는 학점이라도 높았으니까 취업이 되었다고 치자. 그러면 다른 젊은이의 사례를 하나 더 살펴보자.

이 젊은이는 대학에 들어와 1학년을 마치고 군대에 갔다 온 후 자퇴하고 3년 동안 어영부영 시간을 흘려보내다가 다시 2학년으로 재입학했다. 졸업 학점은 3학년 때부터 정말 열심히 했는데도 3.2 수준이다. 급하게 2달 동안 영어 학원 다니면서 1 대 1 교육을 받았을 뿐이다. 토익 성적은 700점을 겨우 넘겼다. 연대장 당번병을 해서인지 자기소개서에 군대 이야기는 쓸 것도 없단다. 해외 연수경험이 없지만 중국의 4,300미터 고도의 산을 트래킹하고 온 경험이 있다. 자기소개서에는 대학 수업 중 2개의 프로젝트를 수행하면서 겪은 경험과 산에 갔다 오면서 느낀 점을 포함한 것이 고작이다. 중견 기업들에 응시를 하면서 몇 번 낙방의 고배를 마셨다. 별 할 일 없이 보낸 3년의 자퇴 기간이 늘 면접단계에서 문제가 되었다. 그럴 때마다 산행을 하면서 면접 내용들을 복기復碁하는 가운데 자기 성찰을 하면서 성숙한 마음과 기氣를 키워 갔다. 졸업식이 끝나고 3주 정도 뒤에 자기가 원하던 좋은 기업에 취업이 되었다. 초봉 4,050만 원. 얼마 전에는 신입사원 표창까지 받았다고 자랑이다.

특별한 스펙도 없이 어떻게 취업이 가능했을까? 위의 젊은이들은 자신만의 이야기, 자기가 해본 경험이라는 진솔한 스토리가 있었기 때문이다. 그 스토리는 지식도 아니요, 돈을 들여서 만든 일반적인 스펙도 아니다. 대학에서 수업을 열심히 듣고 그 기회를 잘 활용한다면 직장 구하는 데에 그리 큰 문제가 없어 보인다. 대학 공부는 하기 나름이다. 괜히 아까운 돈들이고 길에서 많은 시간 허비하지 말라고 당부하고 싶다.

06 면접, 경험과 스토리로 승부하라

흔한 면접장의 풍경

"안녕하십니까. 마음에는 뜨거운 열정을 품고 냉철한 머리로는 이 회사의 발전을 고민하는 ○○○입니다." 면접장에 들어가 자기소개를 해보라는 말에 지원자들은 약속이나 한 듯 또박또박 책을 읽는 목소리로 이제까지 한 번도 해보지 않았을 말을 뱉기 시작한다.

직장을 얻기 위한 마지막 관문은 면접이다. 그런데 면접은 짧은 시간 안에 끝난다. 그 사이에 면접관의 마음을 잡아야 하니 지원자는 초조하다. 면접에서의 첫인상은 대단히 중요하다. 인사 담당자들 사이에서 스펙이나 업무능력보다 첫인상이 좋아서 뽑는 비율이 높게 나타나고 있다고 한다. '첫인상이 별로'라는 얘기를 들으면 시작부터 점수가 깎인다. 인사담당자 10명 중 7명이 '첫인상이 좋아 뽑은 신입사원이 있다'는 기사가 눈에 띈다.

"인사담당 65.7% '첫인상 좋아 채용'… 첫인상 결정 시간은?"[17]

어떻게 하면 면접장에서 자신의 첫인상을 면접관에게 좋게 어필할 수 있을까?

삼성전자의 면접 과정을 살펴보자. 김종헌 인사담당 상무는 "박사급이 아닌 이상 전문성을 많이 따지지는 않는다"면서, "회사 생활 태도, 남들과 협력하는 자세, 배우려는 의지 등 사람 됨됨이가 가장 중요한 능력"이라고 말한다. 3명의 임원이 한 명의 지원자를 놓고 30~40분 동안 심층면접을 하는데 자기소개서를 바탕으로 인생관·철학이 드러나도록 구체적인 경험을 얘기하도록 주문한단다. 동아리 회장을 했다면 동아리에서 뭘 배웠는지, 회장으로서 실패한 경험은 무엇이고 그 이유는 무엇인지, 다른 회원과 마찰이 생겼을 때 어떻게 극복했는지 등을 자세히 물어본단다. 김 상무는 "인성은 하루아침에 바뀌지 않는다. 깊게 면접을 하다 보면 그 사람의 온전한 성품이 드러나기 마련"이라고 힘주어 말한다.[18]

면접에서 자신의 기본 소양을 나타내는 것이 중요하다. 튀거나 오버할 필요가 없다는 말이다. 부족한 모습일지라도 있는 대로 자기의 모습을 보여주는 게 높은 평가를 받을 수 있는 방법이다. 거의 대부분의 면접에서 지원자가 가지는 단점 혹은 아킬레스건에 대한 질문을 한다. 사람은 누구나 단점을 갖는다. 부자연스럽게 방어적인 대답을 하기보다는 솔직하게 인정하고 단점을 보완하는 노력을 보이는 것이 좋은 전략이다.

어느 언론에서 면접의 중요성을 알고 취업 시즌에 맞추어 그 요령을 정리해서 제시한 적이 있다. [뭘 하는 회사인지도 몰라?]-지원 기업을 충분히 숙지하라, [나는 모르고 회사만 알아?]-나 자신을 꼼꼼히 분석하라, [말만하지 말라]-다른 지원자와 면접관의 말을 경청하라, [아는 척 하지 말라]- 변명하지 말고 인정하라, 그리고 [위축되지 말라]-밝은 인상과 적극적 태도는 기본이라는 내용의 5가지다. 취업 면접을 앞두고 있다면 한번 참조해 볼 것을 권한다.[19]

면접 포비아의 극복

면접에서는 지원자가 제출한 자기소개서를 중심으로 질문이 이루어진다. 기본적인 질문 외에 지원자의 문제 해결능력을 시험하기 위한 것으로 채워진다. "후지산을 옮기라면, 어떻게 하시겠습니까?" "지금 해운대 해수욕장에 몇 명의 인원이 있는지 어떻게 세어 보시겠습니까?"라는 질문을 던지기도 한다. 색다른 질문을 받는 지원자는 당황하게 된다. 그러나 이런 질문을 하면서 면접관은 정답을 요구하는 것은 아니다. 대답을 잘하면 붙고 대답을 못 하면 떨어지는 것이 아니다. 예전에는 면접관이 단답식의 질문을 주고 답을 요구했다. 요즘에는 지원자가 스스로 답 혹은 해결방안을 찾고 만들어 가는 과정을 지켜본다. '구조화된 면접'이라고 불리는 이러한 방식에 성공하기 위해서는 전문적인 지식과 함께 무엇인가를 해본 경험이 필요하다.

삼성전자의 안승준 인사담당 상무는 "면접에서는 문제해결 능력을 중점적으로 살펴봅니다. 문제를 정확하게 파악하고 해결하는 능력입니다. 대학 때까지는 성적이 좋은 학생이 유능한 학생입니다. 그러나 사회에 나오면 변화를 만들어 내야 합니다. 없던 것을 만들고 있던 것은 더 멋있게 만들고 내가 못 하면 남을 시킬 능력이 있어야 합니다. 그것이 문제를 일으키는 능력입니다. 그래서 달달 외워서 풀 수 있는 문제가 아니라 문제의 본질을 알아야 대답할 수 있는 질문이 제시됩니다"라고 전한다.[20]

기업은 단정하면서 대인관계 능력과 의사소통 능력이 있는 사람을 원한다. 이런 점을 면접관에게 보여주고 싶다면 '저기 앞에 앉아 있는 면접관은 나를 테스트해서 떨어뜨리려는 적이 아니라 나의 취업을 도와주기 위한 아군'이라고 생각하는 자세를 가져야 한다. 좋은 기업에 합격한 젊은이들의 공통적인 특징을 정리해 보았다.

첫째, 자신의 이야기를 만들고 리허설을 통해 완전하게 준비한다. 자신이 성취한 한 가지 한 가지가 어떻게 리더십을 보이고 긍정적인 영향을 미치며 어려움을 적극적으로 극복했다는 점을 간단명료하게 이야기할 수 있도록 준비하자.

둘째, 예상되는 질문들을 선정하고 연습한다. 아무것도 준비하지 않은 채 인터뷰에 응하면 안 된다. '외환위기와 같은 어려움이 닥쳐온다면 어떻게 대처 하겠는가?'와 같은 질문이 주어질 때 자신이 배운 지식을 꿰어 조리 있게 답하면서 열정을 증명해 보일 수 있어야 한다. 답변을 외우는 것은 그리 좋은 방법이 아니다. 실제로 인터뷰를 하는 것처럼 간단명료하게 답할 수 있도록 노트에 써 보는 연습을 하자.

셋째, 실수에 당황하지 않는다. 특히 문제해결과 관련한 질문에서 실수를 했을 경우 숨기려고 하지 않는다. 면접관은 이미 같은 질문을 여러 번 한 경험이 있다. 실수를 인정하는 것은 지원자가 답변 중에 어떤 실수를 했는지 알아차릴 수 있는 분석적 능력을 가지고 있으며 동시에 겸손함과 대인관계 능력을 지녔음을 보여준다. 실수를 인정하지 않는 사람과는 아무도 같이 일하고 싶어 하지 않는다.

넷째, 겁내지 마라. 면접에서 압박성 질문을 하는 경우가 늘어나고 있다. 많은 젊은이들이 면접장에서 도전적인 질문을 받으면 얼어붙는다. 적절한 답변은커녕 전혀 아무런 생각이 안 나고 이제 끝장이라는 생각이 머릿속을 가득 채울 것이다. 이런 질문을 통해서 면접관은 지원자의 지적 능력을 테스트하려고 하는 것이 아니라 어떤 종류의 사람인가를 알고 싶어 한다. 답변 과정을 통해, 어려운 상황에 봉착했을 때 당황하지 않고 문제를 해결하려는 의지를 가진 사람인지를 알고 싶어 한다. 어려운 질문이 나오면 깊이 숨을 들이쉬고 나서 문제를 해결하려는 적극적인 모습을 보여라.

다섯째, 면접 과정에서 맞는 답과 틀린 답은 없다. 면접관은 대학을 갓 졸업한 지원자가 경영에 대해 모든 것을 안다고 생각하지 않는다. 질문의 목적은 경영상의 문제를 해결하는 데 있어 지원자의 접근 방식을 알아보려는 것뿐이다. 면접관과 함께 상의해 보려는 자세를 견지하라. 이 과정에서 면접관이 지원자가 제시한 해법에 대해 이의를 제기하거나 공격하는 경우 너무 방어적인 태도를 가질 필요는 없다. 미처 생각하지 못한 관점을 면접관이 일깨워 주었다는 점에 감사하는 태도를 가져라.

임원들의 관점 5가지

최근 취업에 성공한 제자가 임원 면접을 보면서 느낀 점을 작성해 보내주었다. 이 회사는 우리나라 제약업계의 대표적인 기업이다. 인재를 중요시하는 이 기업은 신입 직원을 채용하면 10주간의 교육 후 정직원의 자격을 부여한다. 우리 대학생 젊은이들이 선호하는 대기업과 그리 큰 차이가 없어 보인다.

● 면접이 왜 중요한가?

이력서상의 기본 자격요건과 자기소개서상의 삶의 스토리를 통해 면접 자격을 부여한다. 면접은 서류심사를 통과한 지원자를 대상으로, 인성을 파악하고 정말로 우리 회사와 함께할 정도의 능력을 가지고 있는 인재인지의 여부를 확인한다. 서류심사 통과는 해당 직무에 대한 기본적인 자격요건을 갖추었다는 것을 의미한다. 서류심사 이후에는 지원자가 가진 스펙의 의미는 없어진다. 지원자가 작성한 자기소개서는 그대로 믿지 않고 참고만 할 뿐이다.

● 탄탄한 기본기 – "기본이 가장 중요하다"

지원자가 기본 밑바탕만 올바로 되어 있으면 나머지 필요한 교육은 회사가 다 시켜준다는 것이 기본적인 생각이다. 따라서 지원자가 신뢰할 만한 인재인가를 우선적으로 살핀다. 〈성실함·정직함(=인성) + 긍정적 마음가짐(=태도) + 하겠다는 의지(=적극성)〉와 기본지식을 주로 체크한다. 정열(情熱), 열의(熱意), 집념(執念)이라고 표현하기도 한다. 따라서 면접에 임하는 지원자의 자세와 태도가 중요하다. 지원자가 평소에 생각하고 행동하던 것들을 파악하기 위해 다양한 형태의 질문들을, 꼬리에 꼬리를 무는 형태로 확인한다.

● 품위와 외모–"첫인상"

직원은 고객과의 접점이다. 지원자가 기업을 대표할 수 있는 수준의 반듯함을 가지고 있는가를 체크한다. 면접장에 들어오면서부터 나가는 순간까지의 모든 것들을 살펴본다. 인사하는 법, 앉는 자세, 단정함, 미소, 말투, 표정 등을 눈여겨본다. 바른 자세로 인사하고, 단정하게 앉고, 밝은 표정으로 자신 있고 당당한 말투로 임하는 것이 중요하다.

● 상황 대처 능력

자신의 아킬레스건이라고 평소에 생각하는 어려운 질문에 대해 지원자가 어떻게 반응하고 답변하고 풀어 가는가를 살펴본다. 평소에 어떤 생각을 해왔는지를 알고자 하는 목적도 있다. 지원자가 제출한 이력서 및 자기소개서상의 약점들을 토대로 공격적인 질문을 한다. 자신의 경험과 삶에 대하여 얼마나 성찰을 하였는가(무엇을 배웠는가?)와 그 과정에서 긍정적인 의미를 찾아냈는지 여부(성장하였는가?)를 살핀다.

● 함께할 인재인가?

지원자가 회사에 대해 얼마나 알고 있는가를 통해 진정으로 우리 기업에 관심이 있는가를 살핀다. 창업이념, 역사, 비전 및 최근 이슈가 포함된다. 회사가 속한 산업의 경영환경에 대해 얼마나 알고 있는가를 포함하기도 한다. 우리 회사에 지원한 동기가 무엇인가를 살피는 과정에서 지원자가 책임감을 가지고 오랜 기간 동안 회사와 함께하고자 하는 인재인가를 체크한다.

지원자가 일하고자 원하는 직무에 대해 얼마나 알고 있는가도 중요한 질문 사항이다. 해당 직무를 지원한 동기가 무엇이며, 해당 직무를 잘 해낼 수 있을지, 회사의 가치와 문화에 잘 융화될 수 있을지 등에 대한 검토가 이루어진다.

● 채용해야 하는 이유

남들과 다르고 독특한 자기만의 무엇이 있는가, 누구나 하는 일을 특별하게 해냈는가 등과 같은 타인과의 차별성을 체크한다. '지원자는 자신의 삶의 스토리를 통해 어떤 긍정적인 의미를 부여하는가? 이를 뒷받침하는 객관적인 근거는 무엇인가?' 등과 같은 질문을 통하여 인간성을 살펴본다. 지원자를 채용함으로써 우리 회사가 얻을 수 있는 것, 즉 지원자가 회사에 어떻게 기여할 수 있는가도 점검한다.

대학생 티를 벗지 못한다

채용 후 10주간의 교육이 끝나고 부서 배치가 이루어진다. 그런데 1달이 채 안 되어 쫓기다시피 회사를 때려치우는 직장 새내기가 생기기 시작한다. 기업이라는 곳에 들어와 보니 조직에 적응하기가 힘들거나 자신의 적성과 맞지 않아 퇴사하는 신입직원도 물론 있다. 그런데 입사한 지 얼마 안 되어 여러 가지 형태의 압박에 의해 회사를 그만두는 경우도 적지 않다. 10주 교육훈련이 끝나고 명실 공히 직장인이 되어서도 대학 시절의 나쁜 습성을 벗어나지 못하기 때문이다. 짧은 기간이지만 생업과 미래 희망을 위해 머물렀던 회사를 떠나면서 자기 자신에게 무엇이 잘못이었는지는 생각하지 않고 SNS 상에 회사 욕만 해대는 것이 안타깝다. 회사가 "저런 친구 빨리 나가서 다행이다"라는 생각을 하는지조차 모른다.

"6개월 정도 지나면, 그 직원이 어떤 사람인지 확실히 알 수 있다"는 것이 회사에 오랫동안 계신 분들의 말씀이다. 2차에 걸친 심층 면접을 통해 신입 직원을 선발하지만, 서류 심사와 면접으로는 지원자들을 정확하게 파악할 수 없단다. 채용 후 10주 동안의 교육·연수를 통해 평가하고, 다시 근무지 배치 후 1달간 주의 깊게 지켜보며 재평가하는 과정을 거친다. 교육·연수 기간 중이나 초기 부서 배치 후에 나타나는 신입 직원들의 행태를 보고 있노라면, 학교와 직장을 구분하지 못하는 젊은들이 참으로 많다고 임원들은 걱정한다.

대학은 새로운 기회의 장이다.
대학 생활 4년을 어떻게 활용하는가에 따라
앞으로의 30년이 달려 있다.

젊은이들의 대학 입성을 축하한다. 앞으로 4년 동안 대학 캠퍼스라는 새로운 공간에서 대학생 젊은이들 모두 희망찬 꿈을 가지고 보다 나은 미래를 위해 정진해 주기를 희망한다.

대학에 처음 들어왔을 때는 누가 특별히 더 나을 것도 없고 못할 것도 없이 모두가 동등한 입장에서 새로운 출발선에 놓인다. 고등학교 시절까지의 능력은 이미 지나간 이야기일 뿐이다. 새로운 시작이다.

대학생 새내기가 꼭 알아야 할 것은 대학에서의 공부 방식이 대학 합격용 공부 방식과 전혀 다르다는 점이다. '게임의 법칙'도 달라진다. 중·고교 시절에는 교사 주도의 학습, 제한된 수의 대학과 전공학과에 따른 경쟁하는 공부, 대학에 들어가는 데 필요한 한정되고 정해진 내용의 과목들과 동년배끼리의 유한 경쟁에서 이기기 위한 해답 암기 중심의 학습이었다. 대학에서는 자신의 진로와 직장을 얻기 위해 내가 원하고 필요로 하는 공부, 해외 젊은이와 선·후배와의 무한 경쟁으로 바뀐다. 게임의 법칙이 바뀌면서 잘하는 사람도 바뀌는 경우가 비일비재하다.

지극히 정상적인 젊은이라면 대학에 합격하면서부터 공부의 환경도 바뀐 것을 알아차려야 한다. 대학 합격을 위해 혼신을 다해 지도하고 도와주던 엄마는 이제 자신도 책임을 다했으니 좀 쉬어야겠다면서 해방을 외친다. 옆에서 늘 공부를 가르쳐 주셨던 선생님은 이제 없다. 공부는 각자의 몫이라는 교수가 멀리 있을 뿐이다. 사회의 관심도 꺼진 촛불 같다. 고3이라면 우선으로 대해 주던 시절은 이미 가버렸다. 젊은이 자신도 그토록 꿈꾸었던 절실한 목표인 대학 합격도 달성되었으니 또 다른 목표를 세우고 악착같이 달려갈 필요성이 그리 느껴지지 않는다.

그토록 갈망하던 대학의 학과에 들어왔다. 이제 그 길을 열심히 가면서 자신의 꿈을 이루는 소중한 시기가 바로 대학 4년이다. 대학 입시 준비를 조금 소홀했거나 원하는 수준보다 좀 낮은 대학이나 학과에 들어왔다면 앞으로 4년 동안의 대학 생활을 통하여 새로운 반전을 기할 수 있는 기회가 또한 대학 4년이다. 뜻을 세우고 열심히 해 준다면 자신이 원하는 방향으로 나아갈 수 있는 방법은 여러 가지가 있다.

대학생 젊은이가 선택하는 가장 나쁜 경우란 스스로 낙담하고 포기하고 나태해져서 소중한 4년이라는 시간을 물 흘려보내듯 보내 버리는 것이다. 지금은 깨닫지 못할 뿐 나중에 꼭 후회한다. 그런데 후회해도 소중한 대학 4년이라는 시간은 영원히 다시 돌아오지 않는다.

대학에서 우리 젊은이를 바라보고 있노라면, 50% 정도는 자신이 세운 진로방향에 맞추어 졸업을 하고 사회로 나가는 것이 느껴진다. 20% 정도는 대학에 들어올 때보다 좀 더 나은 상태로 대학문을 나선다. 그러나 나머지 30% 정도는 대학생이 되었을 때의 수준보다 더 낮은 상태에서 대학문을 나서지도 못하고 이리저리 방황하다 어쩔 수 없는 상황에서 졸업식을 치르는 것 같아 안타깝다. 바로 대학 생활의 성공과 실패가 갈리는 대목이다. 교수 입장에서 특히 안쓰러운 점은, 고등학교 시절까지는 아주 잘했다는 젊은이가 대학이라는 새로운 환경과 초·중·고 시절과는 전혀 다른 게임의 법칙에 적응하지 못하고 '쭉정이'가 되어 대학 문을 나서는 것을 지켜보는 일이다.

대학 생활은 흔히 '블랙박스'에 비유된다. 입학할 당시에는 거의 같은 수준이지만 졸업할 때는 크게 차이가 나버리기 때문일 것이다. 몇 가지 특징이 대학 생활에서 성공하는 젊은이와 그렇지 못한 젊은이의 사이에서 나타난다. 성공한 젊은이는 자신의 인생 목표와 계획을 일찍 세우고 매 순간 열정적으로 행동한다. 늘 긍정적이고 부지런하며 친화적이다. 주어진 여건에 굴하지 않고 세상을 원망하지 않으며 어려움을 긍정적으로 받아들인다. 성공의 턱을 넘지 못하는 젊은이는 대학 공부는 하지만 이후에 뭘 해야 할지를 대학 4학년이 되어도 모른다. 자주·자립심이 부족하고 시간 낭비의 폐해를 모른다.

대학생 젊은이가 가져야 할 중요한 자세는 바로 남의 도움을 구하는 마음가짐과 적극적 노력이다. 중·고교 시절과 같이 과외를 하고 학원에 다니라는 이야기가 아니다. 그런 것은 유한 경쟁에서나 효과를 볼 수 있는 것이다. 자신의 진로와 직장을 정해야 하는 자기 주도의 무한 경쟁에서는 교재를 읽고 수업을 듣는 것만으로는 턱없이 부족하다. 정해진 문제도 없고 정해진 답도 없다. 비슷한 길을 먼저 가 본 경험이 있는 훌륭한 선배나 전문가를 찾아 물어보고 자문을 구하는 수밖에 없다. 그것만으로도 미진한 경우가 많다. 자신의 미래를 설정하고 나아가는 것에 대해, 옆에 있는 또래의 친구와 선배의 벽을 넘어, 자신이 나서서 남의 도움을 청하고 스스로 찾아 나아가야 하는 이유이다.

우리 대학생은 세계 어디에 놓아도 꿀릴 것이 없는 젊은이다. 한 가지 아쉬운 점이 있다면 좀 더 높은 꿈을 가지고 보다 나은 미래를 위해 정진하는 모습이 약간 부족해 보인다는 점이다. 자신이 없으면 물어보는 것도 어렵고 힘들다. 이제 엄마의 치마폭에서 벗어나 자유인으로서 자신의 뜻을 펴는 대학 4년의 생활을 설계하고 실행하고 성취의 기쁨을 만끽하기를 빌어 본다.

미래를 설계하고 실행하는 과정에서 왜 어려움이 없겠는가. 어려움이 있으면 옆의 사람들에게 도움을 청하는 것도 젊은이가 가질 수 있는 특권이다.

대학은 새로운 기회의 장이다. '대학은 자기 자신의 결정과 자율 속에서 배운 지식을 학습하는 곳이다. 스스로 참여할 수 있는 기회가 무궁무진한 곳이기도 하다. 실패도 경험이 되는 곳'이라는 것을 다시 한 번 강조하고 싶다.

대학 4년은 참으로 중요한 시간이다. 대학생 젊은이 여러분들의 건투와 기쁨을 기대해 본다.

부록

자기미래계획서 작성법

나는 5년 후 어디에서 무엇을 하고 있을까? 나는 5년 후 어디에서 무슨 일을 하고 있기를 바라는가? 쉬운 질문인가? 아니면 갑자기 막막해지는가? 이제 시작해 보자.

1단계: 성향 및 역량 파악

자기미래계획 작성은 자신의 성향과 역량(재능과 소질)을 점검하는 일로부터 시작한다. 표준화되어 있는 검사를 받는 것이 좋다. 진로를 정하는데 있어서 일반적으로 시행하는 심리 검사들로서는, 성격유형검사Myers-Briggs test; MBTI, 직업흥미검사Strong test, 적성탐색검사Holland test, 진로신념검사Career beliefs inventory 등 다양하다. 대부분 대학 내에 있는 학생심리상담소에서 무료로 검사할 수 있으며 한국직업능력개발원에서 운영하는 「커리어넷」이나 한국고용정보원의 「워크넷」을 통해서도 검사할 수 있다. 그러나 표준화되어 있는 검사들인 관계로 결과의 의미를 정확하게 해석하고 이해하는 것이 중요하다.

위의 검사들과는 별도로 아래의 사항들에 대한 생각을 깊이 해야 한다. 자기미래계획서를 작성하는 데 매우 중요한 내용임에도 불구하고 위 검사들로서는 파악하기 어렵다.

- **개성** 외향적인가 아니면 내성적인가? 생각하는 편인가 아니면 행동하는 편인가? 일상적인 것을 좋아하는가 아니면 변화를 추구하는가? 책상에 앉아 있기를 좋아하는가 아니면 돌아다니는 것을 좋아하는가? 사람 만나는 것을 좋아하는가 아니면 혼자 있는 것을 좋아하는가?
- **호·불호** 좋아하는 활동(것)과 싫어하는 활동(것)의 분석. 좋아하는 것이 많은가? 아니면 싫어하는 것이 많은가? 미래 진로와 호·불호 간의 연관성 및 상충성
- **삶의 방식** 자신의 현재 삶 혹은 생활 방식을 분석하고 앞으로 계속 유지할 것인지 아니면 변화할 것인지의 여부, 자신이 원하는 미래 라이프스타일의 자세한 성격을 파악. 현재의 라이프스타일과 미래 진로와의 상충 가능성
- **열정** 자신이 열정을 가지는 것들에 대한 목록의 작성. 언제 어느 상황에서 자신이 가장 열정적인가? 에너지가 가장 충만하는가? 참여도가 가장 높은가 등에 대한 분석과 공통적인 상황 요인들에 대한 파악
- **강점과 약점** 학업, 능력 개발, 소질과 능력, 기술적 지식, 개성, 일 경험 등의 관점에서 자신의 강점과 약점을 파악. 타인의 관점을 고려해서 수정
- **성공의 의미** 성공에 대한 자신만의 의미를 정의. 자신에게 성공의 의미는 무엇인가? 부, 권력, 남에 대한 통제, 만족, 가정 화목 등
- **장래 희망** 다양한 조사를 통해 자신이 진정으로 원하는 희망 진로와 직업의 파악
- **현재 상황** 현재 자신의 상황에 대한 명확하고 실제적인 파악. 개인적인 SWOT 분석을 통해 도출하거나 8개 스펙에 따른 분석도 가능

저자가 진로상담을 하면서 사용하는 6가지 지표를 참고하기 바란다. 학

업 성취능력(학점 성적 및 학업적 성취능력), 전공 경험(대학 외부에서의 인턴, 봉사활동, 수상경험, 전공 관련 교육 등 전공과 관련한 경험 혹은 능력을 쌓기 위한 활동), 사회적 브랜드 파워(출신 고등학교 및 대학의 인지도), 글로벌 역량(외국에 거주 혹은 학업 경험, 외국어 구사능력, 외국에서 거주하고자 하는 의향, 외국 환경에의 적응능력 등), 네트워크 구축 능력(대학 생활, 대학 외적 활동 경험을 통해서 가능한 네트워크의 범위 및 능력), 스트레스 지수(진로 설정과 관련하여 발생하는 본인과 부모님의 믿음 및 충돌 정도)이다.

개인별 SWOT 작성법

개인별 SWOT를 작성하려면 연습지 몇 장을 준비하고 아래와 같은 질문들에 대한 답을 객관적으로 기록하면 된다.

강점strength

- 다른 사람이 갖지 않은 이점은 무엇인가? (능력, 자격, 교육, 인연, 특기)
- 다른 사람들보다 잘할 수 있는 것은 무엇인가?
- 필요한 때 도와 줄 수 있는 사람들이 어떤 사람들인가?
- 다른 사람들이 보는 자신의 장점은 무엇인가?
- 자신이 이루어낸 것 중에서 가장 자랑스러운 것은 무엇인가?
- 다른 사람들이 가지고 있지 않는 자신의 특별한 가치는 무엇인가?
- 다른 사람들은 못하는 자신만이 참여하고 있는 그룹이 있는가? 있다면 어떻게 가능했는가?

약점weakness

- 자신이 없어 피하는 일이 있는가? 어떤 것들인가?
- 다른 사람들이 보는 자신의 약점은 무엇인가?
- 자신의 학업에 대해 자신 있는가? 없다면 어떤 것들이 약점으로 작용하고 있는가?
- 학업이나 일에 있어서 어떤 부정적인 습관을 가지고 있는가? (끈기·근성, 시간 지키기, 두서없이 일하기, 급한 성미, 스트레스 관리의 어려움, 사람 기억 못하기 등)
- 어떤 부정적인 인격적 특성을 가지고 있는가? (대중 앞에 나서기가 힘들다, 처음 만나는 사람들과 가깝게 지내기가 어렵다, 남들과 함께 프로젝트하는 것이 힘들다 등)

기회 요소opportunity

- 자신의 전공분야가 새롭게 각광을 받고 있는가?
- 자신이 다니는 대학의 명성이 올라가고 있는가?
- 자신이 희망하는 진로·직업 분야가 확장되고 있는가?
- 주변에 자신이 희망하는 진로·직업 분야에서 직·간접적으로 도움을 줄 수 있는 사람이 있는가?

위협 요소threat

- 자신이 희망하는 진로·직업 분야에 장애물이 존재하는가? (성격적 장애, 가족의 반대, 친구들과의 괴리)
- 자신의 전공분야가 쇠퇴하고 있는가?

- 자신이 희망하는 진로·직업 분야가 기울고 있는가?
- 취업이 어려워지고 있는가?
- 희망하는 진로·직업 분야에서 요구하는 내용들이 갑자기 바뀌고 있는가?
- 자신이 다니는 대학의 명성이 내려가고 있는가?
- 갑작스러운 경제적인 어려움이 다가오고 있는가?

2단계: 진로 및 직업의 설정

우선 자신의 존재 가치를 미래에 맡을 일이나 목적 또는 사명을 통해 자세히 하도록 한다. 인간 개개인은 모두 다른 가치를 가지고 있다. 남과 같아서는 곤란하다. 예를 들어 의사가 된다고 하더라도 각 의사의 가치는 다르며, 사회 공헌을 하는 것도 자신의 특정 직업을 통해서도 할 수 있지만 자선 사업 등을 통해서도 할 수 있듯이 여러 다양한 방법이 존재한다.

다음은 위의 자신의 존재 가치를 달성하기 위한 진로와 직업에 대한 철저한 조사를 하는 것이다. 그 첫 시작은, 이미 본문에서 언급하였다시피, 자신이 좋아하는 일, 자신이 싫어하는 일, 자신이 가지고 있는 능력·재능, 자신이 전혀 가지고 있지 않은 능력·재능의 파악부터 시작하는 것이 좋다. 막연한 가정이나 생각은 금물이다. 대학생 젊은이들이 늘 부족해 보이는 부분이다. 상당한 시간을 할애해야 한다. 혼자 며칠씩의 국내 배낭여행을 떠나는 고행이 필요한 경우도 나타날 수 있다.

구체적인 진로와 직업을 파악하는 방법에는 학업을 통해서, 외부 세미나 혹은 컨벤션에의 참가, 지도교수 혹은 멘토와의 만남, 도서 혹은 전문 잡지 읽기, 인터넷 서치, 동아리나 서클 참여를 통한 네트워킹 만들기, 알바, 봉사 활동 혹은 인턴 등의 경험 쌓기 등 다양한 것들이 있다. 어떤 방법이 더 좋다 나쁘다 할 수 있는 것은 아니다.

자신이 희망하는 분야의 좋은 점들뿐만 아니라 가치적인 측면에서의 부정적인 요소도 파악할 필요가 있다. 예를 들면, 보수가 적다, 근무 시간이 길다, 가족과 떨어져 있어야 한다, 출장이 잦다, 저녁 술자리가 많다, 조직이 경직되어 자율성이 떨어진다, 창의성을 발휘하기 어렵다, 사회적 지위가 낮다, 승진이 늦다, 업무 내용이 삶의 방식과 괴리가 있다 등이다.

이 단계의 마지막은 약 5년 후의 진로와 직업에 대한 2~3개의 계획을 가지는 것이다. 너무 복잡하게 생각할 필요는 없다. 앞에서 제시한 1단계 및 2단계 전반부의 과정을 거치면서 상당 부분 정리가 될 수 있다. 심사숙고를 거쳤지만 불확실성이 늘 존재하고 상황이 변하는 경우가 존재하기 때문에 '플랜 B'를 가지고 있는 것이 현명하다.

자기미래계획서상의 목표는 다음의 표를 참조하여 작성한다.

진로 · 직업 명칭	
구체적 수행 내용	
필요한 자격 요건	
필요한 능력 · 재능	
필요한 경력	

진로 · 직업의 목표 내용

3단계: 필요 활동 파악 및 로드맵의 수립

대학 입학 후 대부분의 젊은이들은 자신이 희망하는 미래 진로 혹은 직업에 다다르기에 현재의 역량이 많이 부족하다고 생각할 것이다. 이 경우 대학 4년 기간 동안 현재 가지고 있는 역량과 미래 필요한 역량 간에 존재하는 간격을 메우기 위해 보충해야 할 부분을 우선적으로 파악하여야 한다. 보충해야 할 부분에 대한 파악이 끝나면 이와 관련한 능력과 재능을 습득하기 위해 수행해야 하는 구체적인 활동들의 목록을 작성하는 일이다. 이때, 우선순위와 시급성을 감안하여 시기별로 배분한다. 아래에서는 각 세부 단계에 대한 설명을 하기로 한다.

- 우선 필요한 역량을 파악하자. 일반적으로 젊은이들에게 필요한 능력과 재능은 4가지로 분류할 수 있는데, 특정한 학업적 기량, 기술적 기량, 전문적 기량 그리고 인간관계적 기량으로 나뉜다. 여기에 각자가 파악한 필요 능력과 재능의 세부 내용을 조사해서 추가해야 한다. 그 다음, 현재의 수준

을 0(전혀 없다), 1(부족하다), 2(충분하다), 3(아주 충분하다)의 4가지 정도로 나누어 표시하고 같은 방법으로 미래 특정한 시기에 습득해야 하는 수준을 표시한다. 수준 차이가 크게 나타나는 것이 꼭 더 큰 문제가 있는 것은 아니다. 습득의 용이성과 같은 질적인 고려가 동시에 필요하다.

- 현재와 미래의 갭 차이와 습득의 용이성이 표시되면, 시기별로 어느 수준까지 어떤 방법 혹은 활동을 통해 필요한 능력과 재능을 습득할 것인가에 대한 계획을 구체화한다. 이 과정에서 선배, 교수 혹은 멘토 등의 조언이 필요할 수 있다. 앞으로 수행해야 할 활동들에 대한 목록이 작성되면 각 개별 활동의 우선순위를 설정한다. 중요도에 따라, 시급성을 기준으로 각 개별 활동들의 매트릭스를 만든다. 수행 상의 어려운 점들을 같이 고려하면 한층 실질적으로 가능한 활동을 선별할 수 있다.

아래 그림과 같이 田자 형태의 매트릭스를 그리고 각 셀 안에 개별 활동을 삽입한다. 오른쪽 상단(1사분면)에 들어가는 활동들이 가장 중요하고, 다음으로는 2사분면과 4사분면에 놓인 활동들 중에서 1사분면에 보다 가깝게 위치한 활동이 중요하다. 2사분면과 4사분면의 2개 활동이 경쟁할 경우, 시급성이 중요성에 앞선다는 관점에서 1사분면에 가까운 4사분면의 활동이 우선순위상에서 보다 중요하다.

- 우선순위가 정해진 활동들을 분류·정리하여 목록화한다. 각 개별 활동을 수행하는 구체적인 방법과 기간을 명시하는 로드맵을 구성한다. 로드맵상의 기간은 학생인 점을 감안하여 봄과 가을 학기를 기준으로 하되 여

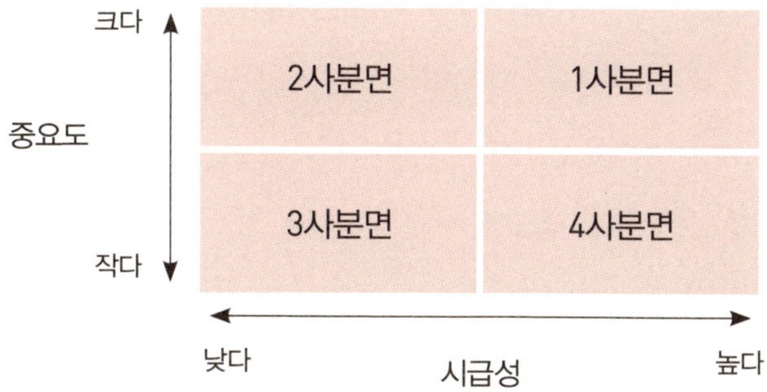

활동 매트릭스

름 방학과 겨울 방학을 별도의 단위로 설정하는 것이 좋다. 학업 이외의 활동을 하기에 방학이 가장 용이하기 때문이다. 특정 활동을 실행하는 데 기간이 많이 걸리는 경우에는 2~3개의 단계로 나누어 생각하는 것도 무방하다.

- 마지막으로, 정해진 활동을 수행하면서 어떻게 목표가 달성되었는지 여부를 확인할 것인지, 혹은 어떤 경우에 역량의 수준이 향상되었다고 판단할 것인지에 대한 기준을 마련한다. 객관적인 기준일수록 좋다.

4단계: 실행과 피드백

로드맵에 따라 구체적인 활동을 실행하고 주기별 혹은 완료 단계마다 스스로 평가를 내리는 피드백 과정을 가지는 것이다. 계획한 활동을 실행하고 난 후, 성취한 결과가 목표한 수준의 어느 지점에 도달했는지를 체크하는 것이다. 스스로의 평가가 의심스러운 경우 남들의 피드백을 받아 보는 것도 바람직한 일이다.

이 과정에서 조심해야 할 중요한 사항이 하나 있다. 계획대로 안 되었다고 자신을 질책하지 않는 것이다. 계획은 계획이다. 계획보다 더 잘할 수도 있고 못할 수도 있다. 계획보다 잘했다면, 본인이 자기미래계획서 작성 과정을 통해 스스로 동기부여를 한 결과 더 노력했을 수도 있다. 아니면 자신을 과소평가한 결과일 수도 있다. 반대의 경우라면, 자기 자신을 과대평가했거나 노력이 부족해서일 경우가 많다. 아니면 목표를 능력에 비해 높게 잡아서일 수도 있다. 어떤 경우라도 우쭐하거나 기가 죽을 필요는 없다. 자기미래계획을 다시 검토해서 수정하고 그에 따라 활동을 실행하면 된다.

자료 출처

1. 유혜진, "8년차 대학생의 미생 고투기 — 우리는 '완생'으로 가고 있다," 조선닷컴, 2015. 1. 25.
2. 강홍준, "대학의 길, 총장이 답하다," 중앙일보, 2015. 3. 24.
3. 김기환, "대학을 맴도는 '헬리콥터' 부모께," 중아일보, 2015. 3. 19.
4. 이지수, "10년 전 그대로…대학출판 교재 '표지만 개정판'," 세계일보, 2015. 2. 1.
5. 조광수, "강의실·강의·수업계획서 없는 '3無 대학 강좌," 조선일보, 2013. 9. 5.
6. 김영민, "취업 팁 몇 개 … 해외봉사는 식상, 역사박사는 신선," 중앙일보, 2015. 3. 3.
7. 김효정, "2014 취업전쟁 보고서. 서울대 문과생의 눈물," 주간조선 특집, 2014. 11. 17.
8. 조신서, "사회학과의 앱 개발 과제," 동아일보, 2014. 10. 31.
9. 전민희, "[진로 찾아가기] 심리상담사," 중앙일보, 2014. 5. 28.
10. 손국희, "'서울대 학점 2.7' 80년대 학번 지금 취업 도전하면 … 대기업 지원 자격도 안 된다," 중앙일보, 2015. 2. 4.
11. 김영민, "미디어 콘텐트 기반 모두 미국행, 삼성전자 SW 조직 한·미 이원화," 중앙일보. 2014. 12. 1.
12. 이종승, "'청년도사'가 삼성그룹 멘토 6,000명에게 강조하는 것은?" 동아닷컴, 2014. 9. 25.
13. 최현묵, "감정 스위치를 켜라… '설득의 심리학 완결편' 펴낸 로버트 치알디니," 조선비즈, 2015. 2. 12.
14. 강희경, "나는 '등골브레이커'다," 한국일보, 2014. 8. 27.
15. 김영민, "현대차 공채, 복수전공자도 이공계 학점만 반영," 중앙일보, 2015. 3. 14.
16. 조혜경, "대외활동 경력, 직무와 연계시켜 구체적으로 써야," 중앙일보, 2014. 5. 9.
17. 동아닷컴, 2014. 11. 6. 면접.
18. 윤석만, "교만한 A에게 하버드 문은 열리지 않는다," 중앙일보, 2014. 8. 7.
19. 이혜운, "면접 보는 당신, 정답은 없지만 오답은 있다," 조선일보, 2014. 10. 29.
20. 이진, "三星·LG 인사담당자 연쇄 인터뷰『우리는 이런 사원을 뽑는다』," 월간 조선, 2004. 9월호.

감사의 글

이 책을 집필하면서, 대학을 이미 졸업하고 사회 각 곳에서 열심히 일하고 있는 분들을 대상으로 '사회에 나오고 보니 대학생 때 미처 알지 못했던 것들'에 대한 조사를 하였다. 많은 분들이 도와주었다. 이 책은 그분들의 생각을 바탕으로 작성된 것이다. 함께 만들었다는 표현이 더 정확하다. 이 자리를 빌어 감사의 마음을 표한다.

아주대학교 경영학과의 송영균 교수는 제자들을 독려해 많은 경험을 모을 수 있게 해 주었다. 수원여자대학교 비서경영과의 양혜련 교수와 세종대학교의 최선욱 취업지원관, 조현철 출판부장은 여러 가지 조언을 해 주었다. 멀리 인도 마하라스트라에서 일하고 있는 이효림 양은 원고 초안의 고쳐야 할 부분들에 대해 아주 많은 의견을 주었다. 세종대학교의 심소연 양, 민창연 군, 조현진 양은 초안을 여러 번 읽어주면서 표현을 매끄럽게 해주었다.

책의 출간을 위해 애써 준 세종대학교의 배기형 교수, 출판을 기꺼이 허락해 준 PNC미디어의 박노일 대표, 편집을 맡아 애써 준 심성보 이사, 표지 디자인을 맡아 준 김지은 디자이너에게 감사드린다.

지난 30년 이상을 함께 살아 온 아내는 나의 반려자이면서도 나의 나아갈 방향을 정확히 알려 주는 길잡이다. 이번에도 오랜 시간 대학생들을 가르치면서 느낀 경험을 나누어주며 많은 조언을 해 주었다. 늘 고마운 마음을 가지면서 살아왔지만 한 번 더 고마운 마음을 담아 보낸다.

2015년 이른 겨울
봉은사가 내다보이는 작은 서재에서
양희승

저자 소개*

양희승 교수

교수로서 저자는 모든 젊은이들이 최고의 대학 생활을 보내고 사회에서 마음껏 꿈을 펼치는 삶을 살기를 바란다.

우리나라 최초의 기술경영 박사학위를 취득한 저자는 우리나라 산업기술의 발전을 위한 초석을 다지는 데 일조를 했다는 사실에 큰 자부심을 가진다. 상공부 및 통상산업부(현 산업통상자원부) 장관자문관으로 활동하며 산업 기술 육성방안과 한국형 과학공원인 '테크노파크'의 설립을 기획했다. 기업의 기술개발을 위한 자금 지원을 총괄하기도 했으며, 특히 20개 정부 부처가 시행하는 국가R&D사업을 평가하고 예산 배분을 담당하는 종합 조정업무의 실무 책임을 맡기도 했다.

저자는 경기 중·고등학교, 서울대학교 공과대학 응용화학과, 동 행정대학원을 졸업하고 미국 조지워싱턴 대학교에서 박사학위를 받았다. 정주영 전 현대그룹회장의 '현대 펠로우십' 1호 수상자이기도 하였다.

1980년대 우리나라 최고의 연구 집단이었던 KIST 경제분석실 연구원, 우리나라 최초의 벤처캐피털회사이었던 KTB 공채 1기 심사역, 과학기술정책연구의 본산이었던 STEPI의 연구조정실장과 기술경영연구실장, 산업통상자원부의 기술정책과 연구비 지원을 담당하는 한국산업기술평가원 선임연구부장, 우리나라 과학기술개발 지원의 허브인 한국과학기술기획평가원 연구개발사업조사평가단장 등 여러 직책을 거쳤다. 실리콘밸리에서 3년여를 활동하면서 미국 벤처산업의 실태를 우리나라에

전해 주기도 했다.

저자는 2003년부터 세종대학교 경영대학원에서 교수로 재직하고 있다. 경영, 공학, 기술, 행정 등의 다양한 학문적 경험과 커리어 경험을 가진 저자는 대학에서 기존의 경영학을 넘어서 공학을 융합하는 강의를 하고 있다. 또한 2013년에는 우리나라 처음으로 대학 새내기와 부모님을 위한 이야기인 『대학생 엄마의 착각』을 집필한 바 있다.

기술보증기금 운영위원, 산업은행 자문위원, 과학기술인공제회 투자자문위원, 한국건설교통기술평가원 이사, KAIST 연구평가위원장, 세종대 교무위원 겸 평생교육원장, 정부산하기관 공동경영평가단 간사위원, ADB 선임자문역 등을 역임했다. 현재는 우리 사회의 지도자가 되고자 하는 젊은이를 대상으로 커리어 디자인과 코칭을 전문적으로 컨설팅하는 '마이드림레포트(www.내희망보고서.com)'를 자문하고 있다.

저자는 두 아이의 아버지이다. 큰 아이는 한영외고를 졸업하고 서울대 경영대에 입학한 후 미국으로 건너가 다트머스대학교 경제학과를 summa cum laude로 졸업했다. 하버드 로스쿨로 진학해 JD와 뉴욕주 변호사 자격을 취득한 후 뉴욕 맨해튼의 대형 로펌에서 금융 분야 전문 변호사로 일하고 있다. 작은 아이는 정신여고를 졸업하고 이화여대 사회과학부에 입학한 후 미국으로 건너가 코넬대학교에서 산업 및 노동 관계학을 전공했다. UN 국제노동기구ILO 본부에서 인턴을 하면서 『Plan Safe, Plan Healthy: Guidelines for Developing National Programmes on Occupational Safety and Health』(ILO, January 2, 2013)의 초안을 작성하기도 했다. 현재 로스쿨에 재학 중이며 최근에는 워싱턴 디시에 소재한 대형 로펌에서 summer associate를 했다. 두 아이를 키우고 교육시키면서 겪었던 많은 이야기들도 이 책에 담겨져 있다.

연락처

이메일 : yang.mdr@gmail.com
블로그 : http://blog.naver.com/didrytn(양교수)blog